高等职业学校"十四五"规划医学美容技术专业新形态纸数融合教材

医学美容文饰技术(AR版)

U0642143

主　编	冯居秦　武　燕　孙　菊
副主编	李春雨　郭迎春　申　琳
编　者	(以姓氏笔画为序)

卜肖红	安徽中医药高等专科学校
王　娜	安徽中医药高等专科学校
王　倩	西安海棠职业学院
王　敏	西安海棠职业学院
王志华	西安海棠职业学院
王雪芳	西安海棠职业学院
申　琳	申琳纹饰
冯居秦	西安海棠职业学院
刘正东	西安海棠职业学院
江彩英	西安海棠职业学院
孙　菊	孙菊纹饰培训中心
李春雨	安徽中医药高等专科学校
陈　蕾	西安海棠职业学院
武　燕	安徽中医药高等专科学校
郭迎春	西安海棠职业学院
黄泽慧	安徽中医药高等专科学校
路　锋	西安海棠职业学院

华中科技大学出版社
http://press.hust.edu.cn
中国·武汉

内 容 简 介

本书是高等职业学校"十四五"规划医学美容技术专业新形态纸数融合教材。

全书包括理论篇与技能实训篇。理论篇包括第一章至第六章，是医学美容文饰技术的基础知识部分，重点介绍医学美容文饰技术的概念、原理、美学设计原则、操作要求及规范，医学美容文饰技术所涉及的无菌技术、消毒灭菌方法、麻醉技术及临床并发症的预防和处理等内容。技能实训篇包括眉部文饰技术项目分解训练、眼部文饰技术项目分解训练、唇部文饰技术项目分解训练及医学美容文饰技术综合训练四个类别的训练项目。

本书主要供高职高专医学美容技术专业使用，也可作为从事医学美容文饰工作的医师、美容技师等的参考书。

图书在版编目(CIP)数据

医学美容文饰技术：AR版/冯居秦，武燕，孙菊主编.—武汉：华中科技大学出版社，2021.8(2024.12重印)

ISBN 978-7-5680-7382-0

Ⅰ. ①医… Ⅱ. ①冯… ②武… ③孙… Ⅲ. ①美容术 Ⅳ. ①R625

中国版本图书馆 CIP 数据核字(2021)第 190433 号

医学美容文饰技术(AR 版)　　　　　　　　　　　　冯居秦　武　燕　孙　菊　主编
Yixue Meirong Wenshi Jishu(AR Ban)

策划编辑：居　颖
责任编辑：毛晶晶
封面设计：廖亚萍
责任校对：阮　敏
责任监印：周治超
出版发行：华中科技大学出版社(中国·武汉)　　　电话：(027)81321913
　　　　　武汉市东湖新技术开发区华工科技园　　　邮编：430223
录　　排：华中科技大学惠友文印中心
印　　刷：湖北新华印务有限公司
开　　本：787mm×1092mm　1/16
印　　张：12.25
字　　数：301 千字
版　　次：2024 年 12 月第 1 版第 3 次印刷
定　　价：78.80 元

医学美容文饰技术(AR版)

数字资源编者名单

（以姓氏笔画为序）

王　倩	西安海棠职业学院
王　敏	西安海棠职业学院
王江华	西安海棠职业学院
王志华	西安海棠职业学院
申　琳	申琳纹饰
刘正东	西安海棠职业学院
江彩英	西安海棠职业学院
孙　菊	孙菊纹饰培训中心
陈　蕾	西安海棠职业学院
武　燕	安徽中医药高等专科学校
范　红	西安海棠职业学院
郭迎春	西安海棠职业学院
路　锋	西安海棠职业学院

网络增值服务

使用说明

欢迎使用华中科技大学出版社医学资源网

1 数字资源浏览

扫对应页码上的课程二维码,即可浏览本书资源页面,点击资源,按系统要求进行账户注册,即可获取相关数字资源。

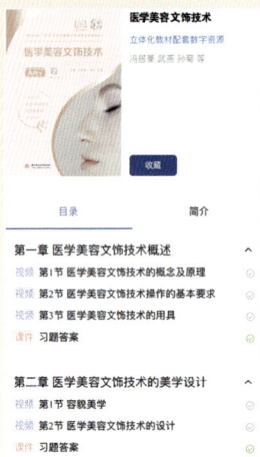

资源列表页

账户注册页

2 视频观看方法

账户注册登录——扫二维码——观看视频。

3 相关课件下载

扫对应页码上的的课件二维码,即可进行课件下载(在电脑端打开下载网址,亦可在电脑上下载课件)。

4 AR使用说明

使用微信扫描封面上的"华中出版AR"二维码,或者在微信中搜索"华中出版AR"小程序,进入本书资源列表,按系统提示扫描书中带有AR标识的图片即可进行AR交互体验。

　　本书依据教育部《"十四五"职业教育规划教材建设实施方案》的通知精神,以推进党的二十大精神进教材,坚持为党育人、为国育才,充分发挥高等职业教育在教学改革中的引领作用来进行编写。本书是高等职业学校"十四五"规划医学美容技术专业新形态纸数融合教材,主要供高职高专医学美容技术专业使用,也可作为从事医学美容文饰工作的医师、美容技师等的参考书。

　　本书由西安海棠职业学院联合安徽中医药高等专科学校等单位编写。本书遵循"三基"(基本理论、基本知识、基本技能)、"五性"(思想性、科学性、先进性、启发性、适用性)、"三特定"(特定的对象、特定的学制和特定的学时限制)的原则,以培养医学美容文饰技术操作及服务人员目标,针对高职高专学生的特点,充分体现高职高专教育特色,在保持知识系统性的基础上,精心设计教材版面和编写内容,删繁就简,突出实用性、创新性。在教材的内容选择及编排顺序上进行了调整,力求符合教育教学规律和学生的认知规律。

　　本书重视数字化资源对学习过程和具体教学环节的跟踪和支持,书中一些重要知识点有配套视频演示,并将 AR(增强现实技术)、测验统计等信息化教学手段融入其中。本书的设计理念符合职业教育教学规律和教学环境结合数字化资源开发建设的指导思想。在信息化教学的背景下,服务于教学是本书编写与数字化资源开发融合建设的出发点和落脚点。本书既是一本数字化融合教材,也是课程资源的重要组成部分。

　　全书包括理论篇与技能实训篇。理论篇包括第一章至第六章,是医学美容文饰技术的基础知识部分,重点介绍医学美容文饰技术的概念、原理、美学设计原则、操作要求及规范,医学美容文饰技术所涉及的无菌技术、消毒灭菌方法、麻醉技术及临床并发症的预防和处理等内容。技能实训篇包括眉部文饰技术项目分解训练、眼部文饰技术项目分解训练、唇部文饰技术项目分解训练及医学美容文饰技术综合训练四个类别的训练项目。本书采用活页式装订,便于学习者携带和使用,有利于学习资料的积累和整合,从而实现学习资源的动态生成。在本书编写过程中,编者认真撰稿,反复交叉审稿,主编、副主编统筹定稿,以确保教材质量。

　　本书在编写过程中得到了各兄弟院校和华中科技大学出版社的大力支持,在此表示衷心的感谢。由于形式新、时间紧、任务重,且编者水平有限,本书难免有疏漏之处,恳请广大读者批评指正,以便再版时修正。

编　者

目
录

CONTENTS

上篇 ——

理论篇

医学美容文饰技术概述

全书课件

全书视频

视频：第一章
第一节　医学
美容文饰技术
的概念及原理

学习目标

1. 掌握医学美容文饰技术的概念及原理。
2. 掌握医学美容文饰技术操作对环境及文饰从业者的要求。
3. 熟悉手工文饰笔、文饰仪、文饰针、文饰色料等医学美容文饰用具的使用方法及要求。
4. 了解医学美容文饰规范化操作标准。

第一节　医学美容文饰技术的概念及原理

一、医学美容文饰技术的概念

医学美容文饰技术是指医学美容文饰从业者以人体美学原则为指导，通过文饰微创技术将色料植入人体皮肤浅层，从而起到修饰、美化人体作用的一项涉及侵入性医疗操作行为的技术。

医学美容文饰技术现已发展创新成为集现代医学技术、容貌美学、艺术创作为一体，并实施于眉、眼、唇等部位后，重塑出新的色彩形态的创伤（微创）性皮肤着色术，其多属于美容修饰性技术，可增加局部美感和整体和谐之美。

二、医学美容文饰技术的分类

医学美容文饰技术是医学的严谨性、美学的艺术性和技术的实践性的完美结合。

医学美容文饰技术一般包括文眉、文美瞳线、文唇、其他（文身、文乳晕、瘢痕修饰）等。

三、医学美容文饰技术的原理

现代医学美容文饰技术主要指的是文眉、文美瞳线、文唇及小型文身等，其原理是用文饰器械刺伤皮肤或黏膜，将特殊染料植入人体皮肤组织内，形成颜色能较长时间保留的新眉形、美瞳线、唇形等。其在本质上是一种创伤性皮肤、黏膜着色术，是一项半永久性的医学美容技术。其根本目的是在原有的眉、眼、唇形态基础上，利用现代美容手段掩饰瑕疵，弥补缺陷，扬长避短，修饰美化，创造出更理想的眉、眼、唇形态及色泽，以达到增强局部和整体容貌之美的效果。

医学美容文饰技术是在人体上进行的一项带有微创性质的医疗操作技术，其侵入

Note

性和损伤性符合医学美容范畴。因此,医学美容文饰技术的实施必须遵循医学原则,符合医学要求,在对人体组织无病理损害和不良反应的基础上达到美化、修饰容貌的效果。

第二节　医学美容文饰技术操作的基本要求

一、医学美容文饰技术操作对环境的要求

(1) 有独立操作间,文饰操作间要求干净、整洁、通风,配紫外线消毒灯和臭氧消毒机。

(2) 另配有洗手池、冷热水、肥皂及纸巾等。

(3) 有医疗分类垃圾箱。

(4) 配有相应的急救设备。

(5) 配有便于无菌操作的一次性手套、工作服、工作鞋、口罩、帽子等。

二、医学美容文饰技术操作对文饰从业者的要求

(1) 文饰从业者需经过人体美学和文饰技术相关知识的培训,还需经过相关医学知识培训且考核合格,进行为期 1 个月的实习,在国家工商部门注册后,方可就业。

(2) 文饰从业者年龄须在 18 岁以上,身体健康,有正规医疗机构的体检证明。

(3) 文饰从业者应具备一定的文化水平(高中或职高以上)。

三、医学美容文饰技术操作对用具的要求

(一) 对文饰仪的要求

(1) 文饰仪应设有多挡位转速,以符合不同文饰项目要求,慢速适合文眉,文眼线及文唇则需要快速操作。

(2) 文饰仪针帽的设计应符合负压原理,针帽有储存色料的功能,操作时可以达到类似自来水笔的效果。

(3) 文饰仪在运转过程中上下伸缩距离应在 2.7～3 mm,针尖在运转过程中外露 2.2～2.5 mm,才能保证针针上色不走空针。

(4) 文饰仪嘴头可调节针尖外露的长度(嘴头可通过螺栓进行调节)。

(5) 文饰仪应具有牢固的锁针装置,从而避免在文饰过程中飞针。

(6) 文饰仪应配有单针、圆针、排针等多种型号的文饰针及针帽,实现一机多用。

(二) 对文饰针的要求

(1) 无菌独立包装。

(2) 针尖锋利。

(3) 单针针体直径应在 0.3～0.4 mm,否则文刺时会增加疼痛感。

(4) 圆形或矩形排针针缝间距恰当,夹带色料充足,不易走空针。

(5) 圆形或矩形排针的针尖应在同一平面上,文刺时避免深浅不一。

(6) 圆形或矩形排针连接点的焊锡点与针尖的距离应在 1～1.5 cm。

(三) 对手工文饰笔的要求

(1) 笔头切割部应具有弹性。

（2）螺栓部分应锁得紧，打得开，操作方便。

（3）文饰针片有无菌独立包装。

（4）文饰针片要求排列整齐，有弹性，针尖锋利，针体细，形成的弧度应在一条线上。

第三节　医学美容文饰技术的用具

视频：第一章
第三节　医学
美容文饰技术
的用具

一、医学美容文饰技术操作的必备用品

（1）文饰工具类：文饰仪、文饰针、色料杯、手工文饰笔、文饰针片等。

（2）消毒用品类：无菌手套、无菌镊、弯盘、无菌棉签、无菌棉球、无菌纱布片、无菌铺巾等。

（3）文饰药品类：2％碘伏、75％酒精、1‰新洁尔灭溶液、复方5％利多卡因乳膏、抗生素滴眼液、抗生素眼膏、急救药品等。

（4）设计用品类：眉笔、眉剪、修眉刀、唇线笔、眼线笔、文饰定位笔、转印油等。

（5）文饰色料：文饰色乳、文饰色膏等。

（6）文饰设备类：美容床、操作推车、照明设备等。

二、文饰仪

文饰仪是医学美容文饰技术操作中的主要工具之一（图1-3-1），它的性能直接影响文饰从业者操作技术水平的发挥，因此选用的仪器应符合国家相关医疗器械标准。具体内容参照文饰仪器标准（其基本要求如下：噪音小、速度快、无抖动、平稳耐用，有调速装置，锁针装置牢固、耐磨损，针尖牢固、安全，插针、取针容易，机身方便清洁，针头独立包装，塑封时一人一针一杯一帽，无菌，机器可360°调整，长时间使用轻巧自如、方便。机身开启控制方便，重心稳定）。推荐使用配置半永久全抛一体针（图1-3-2）的文饰仪。

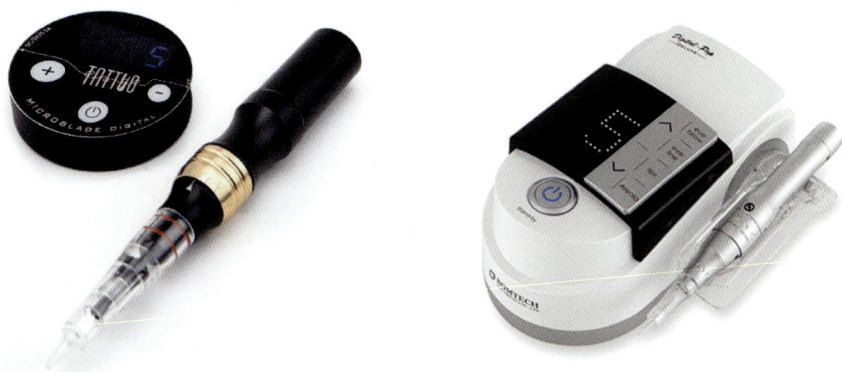

图 1-3-1　文饰仪

（一）文饰仪的工作原理

在购进一台新的文饰仪时，首先一定要认真阅读使用说明，了解机器的性能、特点、操作要求及保养注意事项。并认真按照说明书要求一一检查，试用机器各种功能是否正常，并熟练掌握机器的操作方法。在此基础上，方可正式开始文饰实践工作。

Note

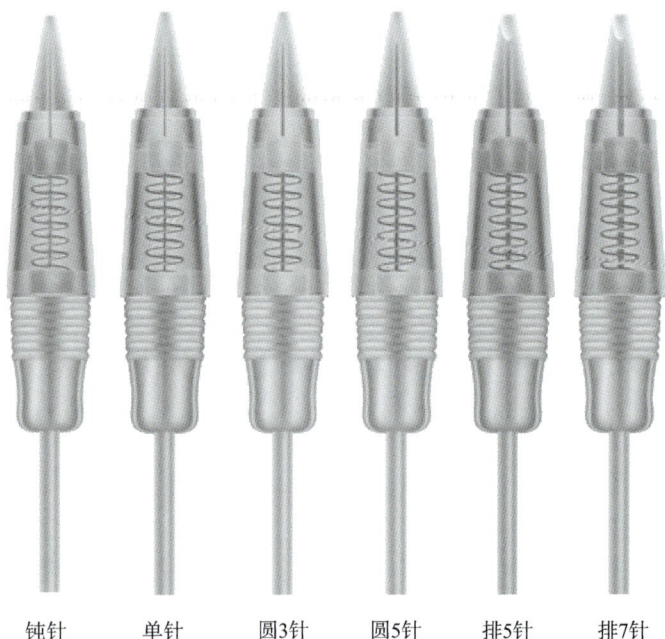

| 钝针 | 单针 | 圆3针 | 圆5针 | 排5针 | 排7针 |

图 1-3-2　半永久全抛一体针

　　文饰仪是一种小型的电动仪器,其外形如同粗大的圆珠笔,并配有稳压电源,机身内有一微型电动机,其转轴上的连杆与卡针相连,并带动其运动,使用时,把文饰针插入十字孔内,套上针帽,并调整针体外露部分的长短,从而控制刺入皮肤的深浅度。当电路接通时,调到所需挡位,按下开关,文饰仪的文饰针被电动机带动而高速旋转,做垂直运动以刺破表皮及真皮浅层,并将特定的色乳文刺到表皮和真皮浅层的组织内而持久留下颜色,一般文饰针刺入皮肤的深度应在 0.5～0.7 mm,不应超过 1 mm。

三、手工文饰笔

　　手工文饰笔由笔杆、螺纹旋扣与笔头针组成。手工文饰笔应符合国家卫生要求,螺纹旋扣固定牢固、安全,笔杆轻巧,符合人体力学原理。

(一) 十字口手工文饰笔

　　十字口手工文饰笔是手工文饰划刺操作的工具,笔头卡口为十字形,用于固定划刺排针,如图 1-3-3 所示。

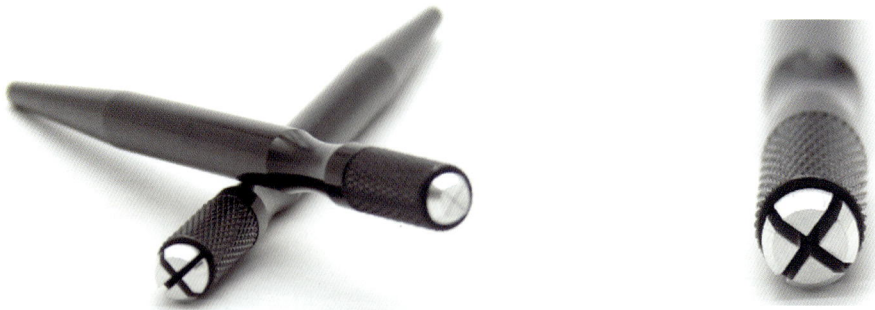

图 1-3-3　十字口手工文饰笔

（二）圆口手工文饰笔

圆口手工文饰笔是眉部手工文饰点刺操作的工具，其结构与十字口手工文饰笔相似，只是笔头有差异，圆口手工文饰笔的笔头的十字中央有圆孔，用于固定点刺针，如图1-3-4所示。

图 1-3-4 圆口手工文饰笔

四、手工文饰针

（一）划刺排针

针体为不锈钢材质，针尖锐利，由数枚钢针平行排列固定而成，针尖排列为弧形或直线形，如图1-3-5所示，有排12针、排14针、排16针、排18针等多种型号可供选择，无菌独立包装。

使用时，将划刺排针固定于十字口手工文饰笔的十字口内，使针体与十字口手工文饰笔成斜角，针体的角度及露出的长度视使用者习惯而定，如图1-3-6所示。

图 1-3-5 划刺排针针片

图 1-3-6 划刺排针针片的固定

（二）点刺针

针体为不锈钢材质，针尖锐利，由数枚钢针束成圆形，针尖排列在一个平面上，有圆3针、圆7针、圆9针、圆17针等多种型号可供选择，无菌独立包装。使用时，将点刺针固定于圆口手工文饰笔的圆形卡扣内，针体露出的长度视使用者习惯而定，如图1-3-7所示。

五、医学美容文饰色料

（一）基本要求

医学美容文饰色料应符合国家卫生要求，严禁应用工业色料。医学美容文饰色料必须采用不含重金属，经无菌处理的对身体无副作用、不致畸、不致癌的专用色料，经相

Note

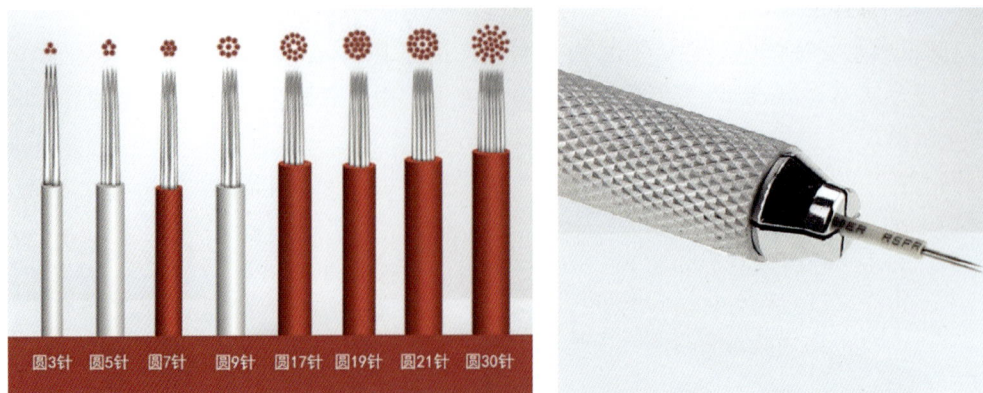

图 1-3-7 点刺针及安装方法

关部门检验合格(应有检验报告)后方可使用。安全色料应具有以下特征：浓度适中，颜色纯正，色泽稳定，渗透力强。永久色料要求附着性好，不脱色，不扩散；半永久色料要求褪色曲线稳定，不变色，无须多次补色，文饰后效果自然逼真。

此外，用于医学美容文饰的色料一般可分为两大类：化学类(如化学合成的食用色素)和非化学类(天然无机色素与生物色素)(表 1-3-1)。

表 1-3-1 各种色料的简单对比

项　　目	色料类别	稳定测试	反光测试	混合测试	用后结果
早期文饰技术	化学染料	动态,溶于水,水变色	反光	会变成另一种颜色	变色及扩散溶解,渗透
中期及后期文饰技术	化学合成的食用色素	动态,溶于水,水变色	不反光	会变成另一种颜色	易产生色素中毒、过敏、排异现象
现代文饰技术	天然无机色素	不溶于水,不变色,熔点在 1500 ℃ 以上	不反光	不会变成另一种颜色	稳定,不会引起病变
	生物色素	从动植物中提取,微溶于水,勿直晒,存放温度为 1～20 ℃,保管严格,卫生要求高	不反光	不会变成另一种颜色	颜色自然,无毒,但需进行皮试,过敏体质者勿用,不可混入麻醉药及止血剂中使用

(二)医学美容文饰色料的选择

医学美容文饰色料有黑色、深浅棕色、灰色、红色系列等色料,有膏状、乳状、液状等多种质地,具体应用时可依顾客情况进行选择和临时配色;不同品牌的色料,相同的颜色也会有色差,搭配使用时应该谨慎;常规配备褪色液,修正过度着色部位;使用前应用力摇匀,以利于均匀着色。

(三) 医学美容文饰色料在皮肤内的着色变化

1. 化学类色料　在皮肤内是动态的,大部分化学类色料会向深层渗透。文饰的时间越长,渗透得越深,后期容易发生变色及晕色,多用于永久性文饰。

2. 非化学类色料　在皮肤内是静态的,文饰于皮肤的真皮浅层。非化学类色料的颗粒在皮肤内会被人体的免疫细胞所包围并逐步吞噬,不发生渗透和扩散,着色效果相对稳定,并随着时间的推移而逐步消失,多用于半永久性文饰。

六、医学美容文饰技术练习用品

医学美容文饰技师必须经过大量的练习,才能掌握医学美容文饰技术,在练习过程中,初学者可以选择和人的皮肤质地接近的硅胶练习用品。

练习眉部文饰技术时可以采用文饰练习硅胶平面皮(图 1-3-8),美瞳线文饰技术练习及唇部文饰技术练习可以用 3D 眉眼唇部硅胶练习皮(图 1-3-9),综合技术练习可以使用 3D 文饰脸部立体练习皮(图 1-3-10),或硅胶立体人头(图 1-3-11)。

图 1-3-8　文饰练习硅胶平面皮

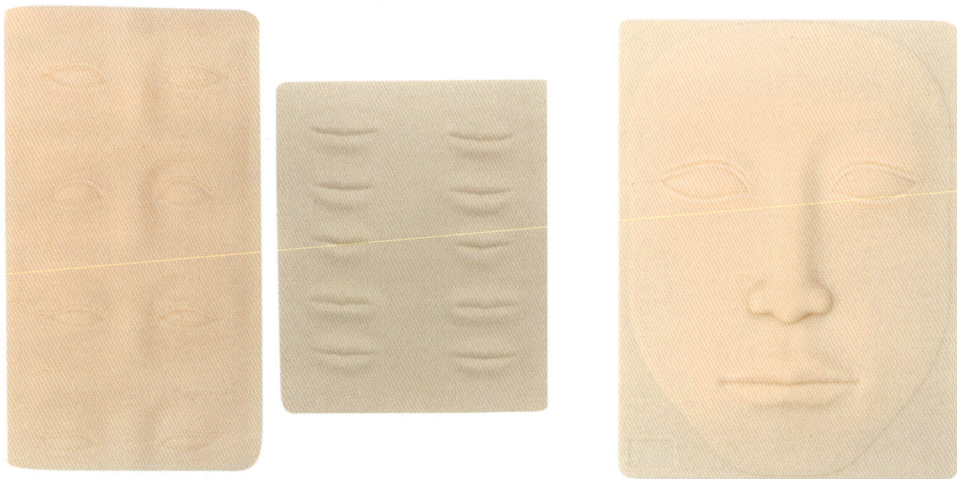

图 1-3-9　3D 眉眼唇部硅胶练习皮

图 1-3-10　3D 文饰脸部立体练习皮

Note

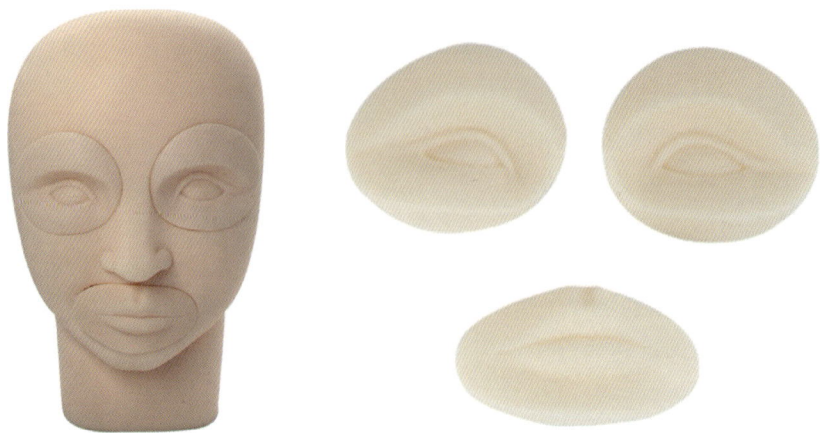

图 1-3-11　硅胶立体人头

第四节　医学美容文饰规范化操作标准

一、工作区域划分、布局合理

医学美容文饰技术皮损程度浅、操作范围相对较小,要求在洁净操作间内实施。

工作区域应划分为缓冲区、洁净区、排(污)通(出)区。各区域标识明显,区域之间全部隔断;设洁、污双通道;做到人员物品洁、污分流,避免交叉感染。

(1)缓冲区设施:墙面镜,手镜,眉、唇形设计台,顾客座椅,顾客存包柜,洗手台,卫生间,更衣、更鞋柜。

(2)洁净区设施:整体面积不少于 12 m²(根据工作需要内部可做小间隔断)。室内墙面、地面光洁,不得使用容尘性隔断物及装饰物。内置无菌物品间(柜)、药品间(柜)、文饰床(椅)、文饰座椅、机械台或文饰车、冷光源聚光灯。

(3)排(污)通(出)区设施:污物收纳间(柜)、卫生间及排(污)通(出)渠道。

二、各区域工作具体要求

(1)缓冲区:本区接待准备文饰的顾客,具体工作内容包括对顾客进行术前沟通,告知并签订《知情协议书》;拍术前照,设计眉、眼、唇形并确认,外敷局部麻醉(简称局麻)药;工作人员及顾客更衣、换鞋。完成以上操作,经由自动隔断门进入洁净间。

(2)洁净区:文饰技师接待顾客并实施文饰操作。文饰结束,顾客由专用通道离开。

(3)排(污)通(出)区:工作中所有的废弃物及术后顾客经由自动门离开(不可折返逆行)。

三、洁净区要求

(1)环境要求:应洁净、安静。操作前半小时停止打扫墙面、地面及更换床单等,避免尘埃飞扬。尽量减少不必要的人群流动,非受术者不得入内。

(2)操作间空气消毒:每天用紫外线消毒灯照射消毒一次。紫外线照射时间不低于30 min。保持紫外线灯管清洁,每周用 95%酒精擦拭一次,紫外线灯管凡使用时间累计1000 h 则应更换。

（3）地面及工作台面消毒：每天上班前 30 min 用含有效氯 500 mg/L 的消毒剂（优氯净）拖擦地面，擦拭工作台面。每周大扫除一次，对墙壁、地面及室内物品进行彻底清洁。

（4）拖把、抹布：要分区专用并标识清楚，使用后分类清洗消毒、晾干、保存。

（5）文饰车：上层为清洁区，下层为污染区。物品按分区归属标准有序放置，用毕归位。

以上工作由操作负责人做可追溯的书面登记。

（6）洁净操作间洁净度等级标准可参照洁净手术室洁净度等级标准，如表 1-4-1 所示。

表 1-4-1　洁净手术室洁净度等级标准

等级	沉降（浮游）细菌最大平均浓度		表面最大染菌密度	空气洁净度级别	
	手术区	周边区		手术区	周边区
Ⅰ	0.2 个/30 min Φ 90 皿（5 个/m³）	0.4 个/30 min Φ 90 皿（10 个/m³）	5 个/cm²	100 级	1000 级
Ⅱ	0.75 个/30 min Φ 90 皿（25 个/m³）	1.5 个/30 min Φ 90 皿（50 个/m³）	5 个/cm²	1000 级	10000 级
Ⅲ	2 个/30 min Φ 90 皿（75 个/m³）	4 个/30 min Φ 90 皿（150 个/m³）	5 个/cm²	10000 级	100000 级
Ⅳ	5 个/30 min Φ90 皿（175 个/m³）		5 个/cm²	300000 级	

四、医疗文饰消毒隔离标准

（一）术者

1. 更衣　着生活装者不可进入洁净区。术者更换洗手衣（若离开文饰间，应外罩白大褂，返回文饰间则要再次更衣换鞋）。

2. 换鞋　进入洁净区后，更换已消毒的洁净区专用鞋。

3. 戴帽子口罩　进洁净区必须戴一次性消毒帽和口罩。帽子要罩住头发，口罩要掩住口鼻。

4. 手消毒　按手消毒要求进行洗手、泡手或用手消毒剂擦手。清洁洗手（按七步洗手法）后戴无菌手套。术者的手只能接触皮肤和操作仪。

（二）受术者（顾客）

1. 换鞋　换洁净区已进行清洁消毒的专用鞋。

2. 更衣　穿一次性消毒衣。

3. 戴帽　戴一次性消毒帽，并罩住头发。

4. 物品　受术者不带任何物品进入洁净区。

（三）文饰色料

文饰色料必须在无菌条件下保存，防止病原微生物侵入。随用随取，以防止色料被污染。文饰色料要标注开瓶日期、具体时间，放入无菌柜内，避光，4～8 ℃保存，每天检查。文饰色料一经取出，即使未使用也不可再放回原位。

（四）文饰操作工具

1. 文饰无菌包　内置文饰针、针片、色料杯、修眉刀片、棉球、弯盘、止血钳、治疗巾。

Note

2. 文饰仪 每客一用,使用后进行低温等离子消毒(或用紫外线照射箱照射消毒,消毒时间不少于 30 min)。

以上消毒工作由操作负责人每天做可追溯的书面文字记录。

五、医疗废弃物处置

(1) 废弃的安瓿瓶放入收纳盒内装好,用胶带纸密封并标识"医废利器,小心伤人",放入医疗废弃物垃圾袋集中处理。

(2) 废弃的文饰针及针片、修眉刀片、注射器针头毁形后放入利器盒,利器盒装满后将盖子封闭并放入医疗废弃物垃圾袋集中处理。

(3) 废弃的注射器针管:抽出注射器内芯、针管乳头毁形,装入医疗废弃物垃圾袋集中处理。

(4) 污染敷料:装入医疗废弃物垃圾袋集中处理。

以上医疗废弃物处理工作由处理负责人每天做可追溯的书面文字记录。

六、文饰无菌物品处理

(1) 一次性无菌物品的使用要求如下。

①一次性无菌物品的使用按照有关规定严把准入关。

②一次性无菌物品应放置在清洁干燥处,与非无菌物品分开放置。

③使用前检查包装袋的完整性,在包装袋注明的有效期内使用。

④严禁一次性医疗物品重复消毒使用,使用后的一次性医用品按照有关规定进行消毒并毁形。

(2) 无菌物品与非无菌用品必须分区放置,严防混淆。

(3) 无菌敷料及无菌器械包由专人负责请领并保管。

(4) 灭菌后物品应存放于无菌专用柜内(离地面 20 cm、距天花板 50 cm、离墙 5 cm 以上),无菌包注明灭菌日期并按日期先后顺序使用。无菌包外注明物品名称、灭菌日期、失效期、负责人签名等。

(5) 负责人应每天检查无菌包的灭菌日期及保存情况。在未污染及包布未破损的情况下有效期为 7 天;纸塑密闭独立包装的有效期为 6 个月;过期或包装受潮、破损情况下应重新灭菌。无菌包一经打开,24 h 内有效,过期需重新灭菌。

以上无菌物品均要明确具体责任人,所有流通环节皆要有责任人做可追溯的书面文字记录。

七、医学美容文饰技术操作流程标准

(一) 术前准备

1. 术者

(1) 更衣:穿洗手衣,换消毒棉鞋,戴一次性消毒帽、口罩。

(2) 洗手:洗手(用七步洗手法)或清洁手部后使用手消毒剂。

2. 受术者

(1) 卸妆、洗脸、拍术前照。

(2) 敷局部麻醉(简称局麻)药:用碘伏消毒眉部皮肤,在受术部位外敷膏体局麻药并覆盖保鲜膜固定,15~20 min 局部感觉减退后去除外敷药膏。

(3) 更衣:穿一次性消毒衣,换上洁净区专用消毒拖鞋,戴一次性消毒帽。

（三）用物准备

（1）文饰无菌包。

内置物品：文饰针片 1 片、文饰针 1 颗、色料杯 1 个、修眉刀片 1 片、棉球 30 个、弯盘 1 个、止血钳 1 把、布巾钳 4 把、洞巾 1 块、治疗巾 3 块。

（2）文饰仪。

（3）碘伏。

（4）生理盐水。

（5）无菌手套一双。

（四）打开文饰无菌包

（1）检查文饰无菌包名称、日期，消毒指示卡达标变色，包布无破损、无潮湿可以使用。

（2）用手打开包布外层，用无菌持物钳打开包布内层。

（五）倾倒液体

倾倒少许无菌生理盐水于弯盘中，用于皮肤清洁、擦拭色料。倾倒少许碘伏于敷料缸内，用于消毒。

（六）戴无菌手套

（1）洗手后擦干双手，核对无菌手套袋外的号码及灭菌日期。

（2）一只手掀起无菌手套开口处外层，另一只手捏住无菌手套翻折部分（无菌手套内面），取出无菌手套，对准五指戴上。同法掀起另外一只无菌手套开口，已戴无菌手套的手指插入另外一只无菌手套的翻边内面（无菌手套外面），取出无菌手套，同法将无菌手套戴好。

（3）双手调整无菌手套位置，然后将无菌手套的翻边扣套在工作衣袖外面。

戴无菌手套时应注意未戴无菌手套的手不可触及无菌手套的外面，已戴无菌手套的手不可触及未戴无菌手套的手或另一只无菌手套的内面。发现手套有破损，立即更换。

（七）设计

设计眉形、唇形、美瞳线形态至满意并固定。

（八）受术部位消毒

用碘伏消毒三次，消毒方法为从中心向外涂抹，循序勿漏，不可回擦。注意勿将眉形擦掉，定型线处可用点蘸法消毒。

（九）安装文饰针

安装文饰针片或文饰针并调试好文饰仪。

（十）色乳/膏准备

将调好的色乳/膏装于色料杯内并放置在安全位置。

（十一）文饰操作原则

宁浅勿深、宁窄勿宽。

（十二）操作完毕

将顾客面部擦拭干净，在文饰部位涂上术后修复剂，并把用过的针片放入利器盒，最后脱手套（将戴手套的手捏住另外一只手套腕部翻转脱下，已脱下手套的手指插入另外一只手套内将其翻转脱下,将手套弃于医疗废弃物垃圾桶,然后洗手)。

(十三) 术后医嘱

术后处理:文饰结束后,受术者文饰部位应进行清洁处理,局部可涂用术后修复剂,同时向受术者嘱咐术后注意事项并随访一周。

术后注意事项:注意文饰部位卫生,防止感染,术后一周左右脱痂,若着色不满意,一个月后酌情沟通补色事宜。

(十四) 流程结束

引导受术者拍术后照片,流程结束。

复习思考题

一、单项选择题

1. 医学美容文饰技术操作的侵入性和损伤性特点符合(　　　)范畴。

A.生活美容　　　　B.医学美容　　　　C.绘画艺术　　　　D.外科手术

2. 医学美容文饰技术是实施于眉、眼、唇等部位后,重塑出新的色彩形态的(　　　)性皮肤着色术。

A.无创　　　　　　B.绘画　　　　　　C.微创　　　　　　D.暂时

3. 针尖在运转过程中应外露(　　　)。

A.2.2~2.5 mm　　B.2.5~3.0 mm　　C.3.0~3.5 mm　　D.3.5~4.0 mm

4. 文饰仪是一种小型的电动仪器,机身内的(　　　)带动连杆与卡针运动。

A.稳压器　　　　　B.微型电动机　　　C.电池　　　　　　D.轴承

5. 十字口手工文饰笔用于固定(　　　)。

A.划刺排针　　　　B.点刺针　　　　　C.圆针　　　　　　D.单针

6. 医学美容文饰的设计台应放置于工作区域的(　　　)。

A.缓冲区　　　　　B.洁净区　　　　　C.排通区　　　　　D.休息区

7. 文饰技师实施文饰操作应在工作区域的(　　　)完成。

A.缓冲区　　　　　B.洁净区　　　　　C.排通区　　　　　D.休息区

二、多项选择题

1. 医学美容文饰技术现已发展创新成为集(　　　)为一体的皮肤着色术。

A.现代医学技术　　　　　B.容貌美学　　　　　　C.艺术创作

D.化学研究　　　　　　　E.商业营销

2. 医学美容文饰技术操作间需要配备的物品有(　　　)。

A.紫外线消毒灯　　　　　B.一次性手套　　　　　C.一次性口罩

D.工作服　　　　　　　　E.医疗分类垃圾箱

3. 对医学美容文饰色料的要求是(　　　)。

A.应符合国家卫生要求,严禁应用工业色料

B.无毒,不含重金属,经无菌处理

C.对身体无副作用、不致畸、不致癌

D.相关部门检验合格(应有检验报告)

E.永不褪色

4. 医学美容文饰技术操作的工作区域应划分为(　　　)。

扫码看答案

Note

A.缓冲区　　　　B.洁净区　　　　C.排通区　　　　D.休息区　　　　E.设计区

三、填空题

1.医学美容文饰技术是指医学美容文饰从业者以（　　　）原则为指导的美容技术。

2.医学美容文饰技术操作中文饰针要求（　　　）包装。

四、简答题

1.简述医学美容文饰技术的根本目的。

2.简述医学美容文饰技术操作对环境的要求。

3.简述安全色料应具有的特征。

4.简述医学美容文饰技术操作中一次性无菌物品的使用要求。

📖 **思政学堂**

文化自信

习近平总书记曾经指出,要坚定文化自信。青年期是价值观形成的关键时期,对整个社会的价值取向具有决定性作用。青年学生是祖国未来的栋梁。

坚定文化自信是新时代我国实现文化强国建设目标的重要基础,而教育在坚定文化自信过程中具有不可替代的重要功效。

第二章

医学美容文饰技术的美学设计

学习目标

1. 掌握容貌美的基本特征。
2. 掌握眉部、美瞳线、唇部的容貌美学的特征。
3. 了解医学美容文饰技术设计的原则与要求。
4. 掌握眉部、眼部、唇部美容文饰技术的设计原则。

第一节　容貌美学

容貌又称相貌、面貌、容颜，是指人的头面部及五官的轮廓、形态、质感及其神态和气色。容貌居于人体之首，是人体袒露、最引人注目的部位；容貌中的五官是展示人的心灵、情感及个性的窗口。

容貌是人体审美的焦点：比例、对称、均衡、节奏、活力、多样、动静、统一。

一、容貌美的基本特征

(一) 容貌的对称美

(1) 对称是指整体各部分之间布局相适应。

(2) 对称是容貌美的重要形态标志之一。

(3) 静态结构、动态表情。

(4) 容貌的对称是相对的。

(5) 绝对的对称会影响容貌的生动之美。

(二) 容貌的比例美

(1) 美的容貌的基本结构特征之一，是面部的局部与局部、局部与整体之间具有一定的比例关系（图 2-1-1）。

(2) 符合比例美的原则，容貌便具有特殊的和谐性、严整性和完善性。

(3) 对标准比例的偏离大于 5% 即可影响面部的魅力；大于 10%，则其吸引力就大大降低。

(三) 容貌的曲线美

(1) 曲线具有变化、流动、多样、统一的美学特征，能给人愉悦的视觉体验，对女性的面部有很强的修饰效果。

Note

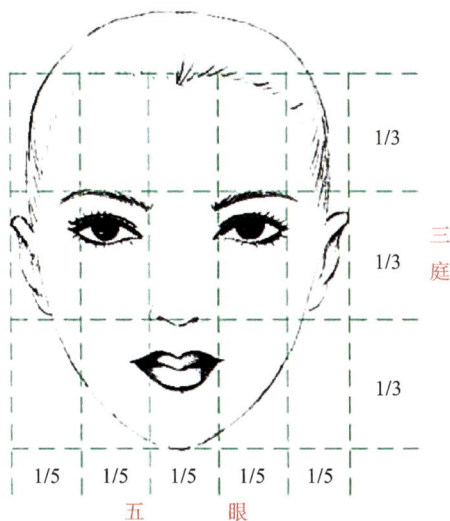

图 2-1-1　容貌的比例表

（2）人类女性的容貌处处蕴藏着曲线美。

（四）容貌的和谐美

（1）和谐即多样统一，是形式美的最高形态。

（2）容貌各部分在总体组合关系中具有一致性和统一性。

（3）人类容貌各部分形态结构不同，但只有局部与局部、局部与整体的和谐统一，才能体现出美的容貌所具有的独特风采和魅力。

（五）容貌的个性美

无论容貌审美观如何变迁，追求单一的容貌模式都是不可取的。容貌个性美是容貌美的灵魂。美的差异性，提示医学美容文饰技师在塑造美的容貌时，要避免同一模式和单一的审美格局，应尽量体现个性特征。

二、眉部的容貌美学

眉，是容貌的重要结构之一。左右对称、浓淡相宜、粗细适中的双眉可协调、平衡面部各结构之间的关系，对显示情感个性、烘托容貌美具有重要作用和意义。

1. 眉的美学形态

1）眉的外表形态

（1）眉横卧于眼眶上缘眉脊处，介于上睑与额部之间，稍隆起而富于立体感。

（2）双眉的位置、长短等应左右对称并与颜面各部位协调一致（图2-1-2）。

2）眉的美学位置

（1）眉头：内眼角正上方。

（2）眉峰：两眼平视前方，瞳孔外缘与同侧鼻翼连线的延长线交于同侧眉峰。

（3）眉尾：鼻翼与外眼角连线的延长线交于眉尾（图 2-1-3）。

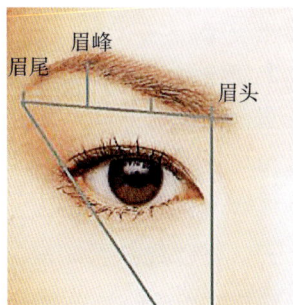

图 2-1-2　眉的外表形态

Note

图 2-1-3　确定眉形三点法

3)眉的长势排列

(1)眉毛分上、中、下三列相互交织重叠而成。

(2)眉头部分较宽,眉毛斜向外上方;眉尾部分基本一致斜向外下方生长;眉峰部眉毛较密。

图 2-1-4　眉的长势排列

(3)上列眉毛向下斜行,中列眉毛向后倾斜,下列眉毛向上倾斜生长。

(4)眉尾部颜色重于眉头,而眉峰部颜色较深,其上下较淡,整体观察,眉的颜色浓淡相宜,眉毛层次有序,富于立体美感(图 2-1-4)。

4)眉的理想形态

眉的颜色浓淡相宜,其弯度、粗细、长短、稀疏均得体适中且与脸形、眼形比例适度和谐方能显出美感。

2. 眉部文饰的美学意义

眉部的医学美容文饰在顾客原有眉部形态的基础上,依据眉部的美学要求,为顾客设计与之容貌、气质、年龄、职业等相符合的眉部形态,将半永久的色料植入眉部皮肤,修饰原有的缺陷与不足,并达到半永久保持的效果。

三、美瞳线的容貌美学

睫毛在眼睑睑缘排列形成的轮廓线称为美瞳线或眼线,人类的上、下眼睑睑缘生长着 2~3 排硬质短毛,即睫毛。人类的睫毛排列于眼睑睑缘,在视觉效果上形成棕色或黑色的眼裂轮廓线,此轮廓线凸显了眼裂的轮廓形态。睫毛轮廓线增强了眼部的动态美感,能配合眼睛进行情感的表达和交流。

1．美瞳线的美学形态

1）美瞳线位置

美瞳线位于上眼睑睫毛根部,其范围不超过睫毛根部覆盖的上眼睑睑缘(图 2-1-5)。

2）美瞳线形态

贴合上眼睑睑缘的弧形美瞳线在内眼角较纤细,向外逐渐增粗,在眼睑睑缘中外处最粗,美瞳线的外侧逐渐变纤细并向外上方延伸,很好地修饰了眼裂的轮廓形态。

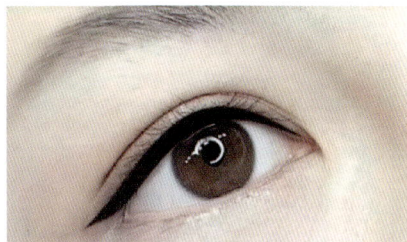

图 2-1-5 美瞳线位置

2．美瞳线文饰的美学意义

在顾客原有眼裂形态及睫毛生长情况的基础上,依据美瞳线的美学要求,为顾客设计与之眼裂形态、气质相符的美瞳线形态,将半永久的色料植入眼睑睑缘的皮肤,加强眼裂轮廓形态的视觉效果,增强眼部美感,并达到半永久保持的效果(图 2-1-6)。

图 2-1-6 美瞳线效果图

四、唇部的容貌美学

(1)唇是面部最具色彩和动感的器官。

(2)唇具有高度特征化的表情功能。

(3)唇的形态、色泽、结构的完美与否对容貌美的意义十分重大。

(4)唇的容貌美包括以下内容。

①色彩美,如图 2-1-7 所示。

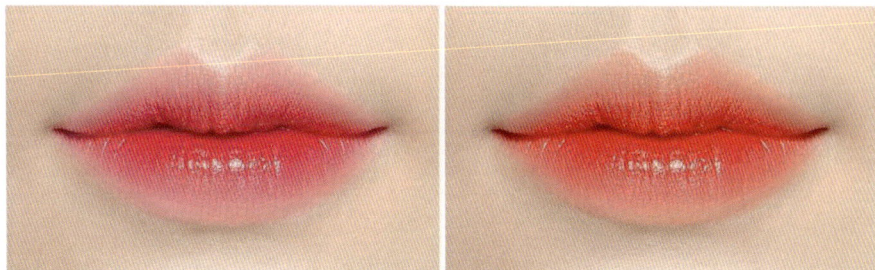

图 2-1-7 唇的色彩美

②形态美,如图 2-1-8 所示。

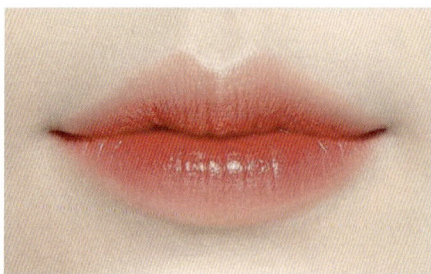

图 2-1-8　唇的形态美

(5)唇的美学形态,如图 2-1-9 所示。

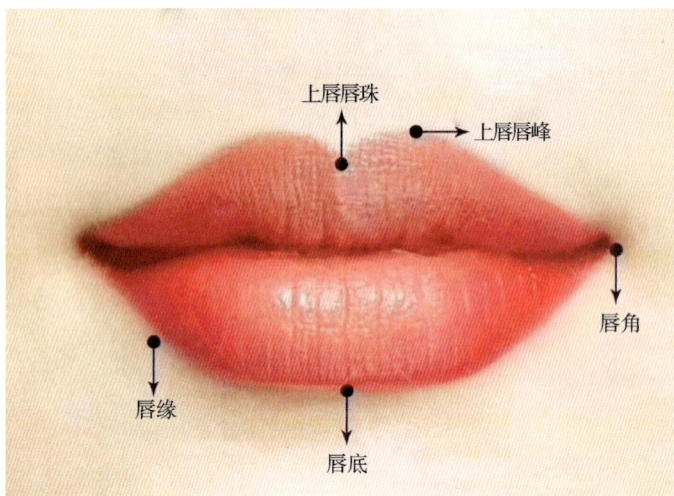

上唇唇珠

上唇唇峰

唇角

唇缘

唇底

图 2-1-9　唇的美学形态

(6)唇的理想形态如下。

①唇线清晰,轮廓线明显,下唇略厚于上唇。

②唇部的高度和宽度与面形相适应,与眉、眼、鼻相协调。

③唇角微翘,唇珠突出,立体感强。

(7)唇部文饰的美学意义如下。

在顾客原有唇部形态、色泽的基础上,依据唇部的美学要求,为顾客设计与之面形、五官、气质等相符合的唇部形态,将半永久的色料植入唇部黏膜下,修饰原有唇线和色泽的缺陷与不足,并达到半永久保持的效果(图 2-1-10)。

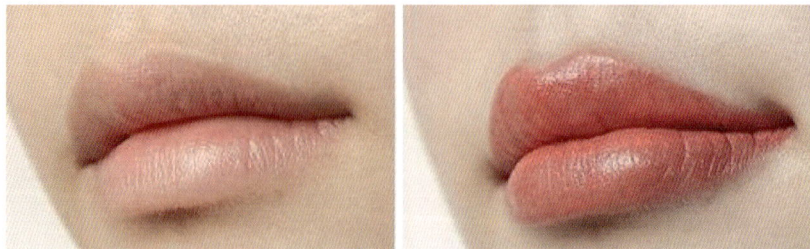

图 2-1-10　唇部效果图

视频：第二章
第二节　医学
美容文饰技术
的设计

第二节　医学美容文饰技术的设计

一、医学美容文饰技术设计的原则与要求

（一）医学美容文饰技术设计的原则

（1）依据顾客的容貌、气质、年龄、职业等特点设计。

（2）结合当下的审美时尚。

（3）确保健康、增添美丽、安全舒适。

（4）为顾客设计个性化的医学美容文饰操作方案。

（二）医学美容文饰技术设计的要求

1. 宁浅勿深　医学美容文饰操作的深度切忌过深。若文饰色料植入皮肤过深，色料易向皮肤深层扩散，造成变形、变色、泅色，且难于去除。

2. 宁短勿长　文饰的线条切忌过长，尤其在初次文饰时，文饰线条不可过长，要留有余地，若不满意可以再次补充调整，文饰线条过长则难于修正。

3. 宁细勿宽　文饰的范围切忌过宽，尤其在初次文饰时，文饰范围要留有余地，若不满意可以再次补充调整，文饰范围过宽则难于修正。

4. 宁轻勿重　文饰操作手法切忌过重，否则会造成较大的皮肤创伤，恢复时间延长，甚至导致瘢痕形成。

5. 文饰禁忌　瘢痕体质、过敏体质或精神状态异常者，不宜进行医学美容文饰操作。文饰部位皮肤有局部感染者应暂缓操作。

6. 文饰配色　文饰色料的配色，应按照顾客的容貌、年龄、发色、气质等进行选择，按照适当比例进行调配。

二、眉部美容文饰技术的设计原则

（1）位置与自身眉毛互补原则。

①眉的位置总体上位于面部上庭和中庭的分界处。

②尽量与顾客原有眉毛互补，不可偏离顾客原有眉毛太多。

（2）依据脸形设计眉形原则（图 2-2-1 **AR**）。

（3）符合顾客气质特征原则。

①脸形较宽、性格开朗者，可酌情设计较宽阔大气的眉形。

②脸形窄小、气质沉静者，可设计较窄细文静的眉形。

（4）尊重顾客审美观，适度调整原则。

①与顾客充分沟通，了解顾客的审美观及个人喜好。

②可设计出几种眉形方案，反复比较征求顾客意见。

③在双方共同商讨的基础上，加以指导，设计出较理想的眉形。

（5）对称性设计原则。

①两侧眉形的长短、高低、宽窄相对称。

②眉色之深浅相对称。

③眉头、眉峰、眉尾位置对称一致。

Note

鹅蛋脸
柔和的眉形，不
破坏鹅蛋脸形原
本的美感

圆脸
把眉峰挑高，
显脸长

心形脸
眉形柔和，没
有明显棱角，
看上去更温柔

长脸
平眉，显得
脸短一些

方脸
眉峰拉高，
显脸长

菱形脸
眉毛要弯，没有明
显眉峰，不让注意
力落到宽颧骨上

AR 图 2-2-1 依据脸形设计眉形

④灵动与自然，灵活把握。

(6) 依据肤色与发色选择眉色的原则(图 2-2-2)。

①正常肤色者选择深咖色。

②白皙肤色者选择浅咖色。

③深肤色者选择黑咖色或灰咖色。

④棕色系发色者选择咖啡色系。

⑤黑色系发色者选择灰色系。

⑥有文饰底色者选择具有遮盖底色作用的色料。

微信搜一搜

华中出版AR

操作提示：微信扫码打开AR小程序，
扫描有AR标注的图片

三、眼部美容文饰技术的设计原则

(1) 位置与自身睫毛互补原则。

①美瞳线应文饰于上眼睑睑缘睫毛根部，尽量不超出睫毛根部范围。

②达到睫毛看起来更浓密，又不显突兀、较自然的视觉效果。

(2) 依据眼部形态设计美瞳线的原则(图 2-2-3)。

①双眼皮：美瞳线宽和长不超过原有睫毛的范围。

②内双：美瞳线在内眼角处较细，从中间到睫毛尾部逐渐加宽。

③单眼皮：美瞳线略粗，起扩大眼形的效果。

④圆眼：美瞳线细，长度超出睫毛尾部，拉长眼形。

⑤长眼：美瞳线粗，长度不超出睫毛尾部，增宽眼形。

(3)尊重顾客审美观，适度调整原则。

①和顾客充分沟通，了解顾客的审美观及个人喜好，征求顾客意见。

②在双方共同商讨的基础上，加以指导，设计出较理想的美瞳线。

Note

文饰色料展示

黑咖	冷色调 适合眉头颜色较深，肤色较暗的人群 油性皮肤适用
深咖	冷色调 线、雾眉者均可使用 适合正常肤色的人群
棕咖	线、雾眉者均可使用 适合肤质纤细偏黄或白里透红者 眉毛颜色浅、柔弱的人群
浅咖 （浅）	暖色调 雾眉色乳 适合年轻或白皮肤者，可稍加深咖色料
朱古力	线、雾眉者均可使用 稍微有点偏红的色度 适合黄皮肤和正常肤色的人群
柔咖 （浅）	适合眉头制作 雾眉打雾专用色料
灰咖 （浅）	雾眉色乳 雾眉打雾专用色料

(a)

浅咖 　　贵族咖 　　深咖

青黛 　　棕咖 　　深棕

自然灰 　　灰咖 　　朱古力

(b)

图 2-2-2　文饰色料展示与不同的眉色

Note

<table>
<tr><td>(a)双眼皮</td><td>(b)内双</td><td>(c)单眼皮</td></tr>
<tr><td>(d)长眼</td><td colspan="2">(e)圆眼</td></tr>
</table>

图 2-2-3　依据眼部形态设计美瞳线

（4）依据肤色及睫毛色选择美瞳线颜色的原则。

①亚洲人文饰美瞳线大多选择黑色。

②皮肤白皙、睫毛颜色浅淡者,可选择深咖色。

四、唇部美容文饰技术的设计原则

（1）比例协调、形态美观原则。

①依据唇部的美学比例关系设计唇形。

②调整范围不应超过 1 mm。

③曲线优美,形随峰变。

（2）与脸形相协调原则(图 2-2-4)。

①脸形宽阔者,宜设计饱满圆润的唇形。

②脸形窄小者,宜设计小巧圆润的唇形。

（3）尊重顾客审美观,适度调整原则。

①和顾客充分沟通,了解顾客的审美观。

②可设计出几种唇形方案,反复比较,征求顾客意见。

③在双方共同商讨的基础上,加以指导,设计出较理想的唇形。

（4）修饰唇形缺陷原则。

①对上、下唇过薄或口裂较小者,采用扩唇设计。

②对上、下唇过厚或口裂较大者,采用缩唇设计。

③对两侧唇角下垂者,将两侧唇角的上轮廓线向外上提高。

（5）依据肤色及年龄选择唇色的原则(图 2-2-5)。

①肤色白、唇色淡、年纪较小的顾客,以粉色系为主色。

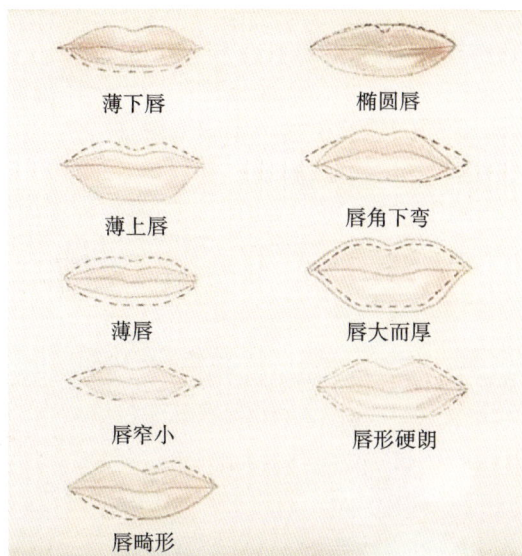

图 2-2-4　不同的唇形

②肤色黄、唇色暗、年纪较大的顾客，以橘色系为主色。

③喜欢明艳突出的红唇效果的顾客，以红色系为主色。

图 2-2-5　唇部色彩图

复习思考题

一、单项选择题

1. 医学美容文饰技术容貌美的特征是（　　）。

A. 对称美　　　　　　B. 优雅美　　　　　　C. 形象美　　　　　　D. 自然美

2. 确定眉形的三点是眉头、眉峰和（　　）。

A. 眉心　　　　　　　B. 眉坡　　　　　　　C. 眉尾　　　　　　　D. 眉腰

3. 唇部美容文饰技术的设计原则调整唇的范围不应超过（　　）。

A. 0.5 mm　　　　　　B. 1 mm　　　　　　　C. 1.5 mm　　　　　　D. 2 mm

4. 双眼皮美瞳线宽和长不超过原有睫毛的（　　）。

A. 1 mm　　　　　　　B. 2 mm　　　　　　　C. 范围　　　　　　　D. 宽

扫码看答案

Note

二、多项选择题

1. 医学美容文饰技术设计的要求是(　　　)。

A. 宁浅勿深　　　B. 宁短勿长　　　C. 宁细勿宽　　　D. 宁轻勿重　　　E. 宁宽勿窄

2. 容貌的曲线美:曲线具有(　　　)、统一的美学特征。

A. 变化　　　　B. 单一　　　　C. 流动　　　　D. 多样　　　　E. 线条

3. 依据眉部的美学要求,为顾客设计与之(　　　)等相符合的眉部形态和质感。

A 容貌　　　　B. 气质　　　　C. 年龄　　　　D. 职业

三、简答题

1. 简述眉的美学意义。

2. 简述医学美容文饰技术设计的原则。

第三章

医学美容文饰技术的无菌技术与消毒灭菌

学习目标

1. 掌握医学美容文饰技术中无菌技术的概念和原则、消毒与灭菌的概念。

2. 掌握医学美容文饰技术操作的感染途径及其预防对策、医学美容文饰技术操作中常用的消毒灭菌方法。

3. 熟悉医学美容文饰技术操作中的消毒灭菌要求。

4. 了解医学美容文饰技术无菌操作的意义、医学美容文饰技师应具备的无菌观念。

第一节　医学美容文饰技术的无菌技术

一、无菌技术的概念和原则

医学美容文饰技术是一项侵入性的操作技术，为了确保顾客的健康与安全，应做到无菌操作，杜绝感染的发生。

（一）无菌技术的概念

无菌技术是指在进行治疗、护理的过程中，防止一切微生物侵入机体和保持无菌物品及无菌区域不被污染的操作技术和管理方法。

（1）无菌物品是指经过物理或化学方法灭菌后未被污染的物品。

（2）无菌区域是指经过灭菌处理而未被污染的区域。

（3）非无菌物品或区域是指未经灭菌或经灭菌后被污染的物品或区域。

（二）无菌技术的原则

（1）对环境的要求：进行无菌操作前半小时停止卫生处理，减少人员走动，以减少室内空气中的尘埃。治疗室每日用紫外线消毒灯照射消毒一次。

（2）对工作人员的要求：无菌操作前衣帽穿戴整洁，口罩遮住口鼻，修剪指甲，洗手。

（3）对物品管理的要求：无菌物品必须存放于无菌包或无菌容器内，无菌包外注明物品名称、有效期，有效期以一周为宜，并按照有效期先后顺序放置。无菌物品和非无菌物品应分别放置。无菌物品一经使用或过期、潮湿应重新进行灭菌处理或丢弃。

（4）操作要求：取无菌物品的操作者身距无菌区域 20 cm，取无菌物品时需用无菌持物钳（镊），不可触及无菌物品或跨越无菌区域，手臂应保持在腰部以上。无菌物品取出后不可过久暴露，若未使用也不可放回无菌包或无菌容器内。无菌物品疑有污染时，不得使用。

（5）要求一人一物：一套无菌物品，只供一个顾客使用，以防交叉感染。

二、医学美容文饰技术无菌操作的意义

在医学美容文饰技术操作过程中，无菌操作的意义比一般外科手术更为重要。这是因为，给患者施行外科手术，若患者发生感染，经抗感染治疗等痊愈，仍然是成功的治疗。若在实施医学美容文饰技术操作过程中发生了感染，则可能造成伤口愈合不良，进而影响色料着色，甚至形成瘢痕，给顾客的容貌和心灵造成创伤，违背了医学美容文饰技术塑造容貌美的初衷。严格的无菌操作，可以大大减少甚至杜绝感染的发生，减少不良文饰效果的出现以及不良反应的发生，从而提高医学美容文饰顾客的满意度。因此无菌操作技术在医学美容文饰技术操作中占据着相当重要的地位。

三、医学美容文饰技师应具备的无菌观念

作为一名医学美容文饰技师，对无菌观念要有正确的理解。第一，应认识到微生物是无处不在的，外界环境中生长着各种各样的微生物，其中部分是致病的、有害的。微生物很小，借助仪器才能被发现，肉眼观察非常干净的情况下，可能仍有大量微生物。从医疗美容角度看，未消毒的美容室、美容制品表面、顾客的衣服和皮肤、文饰技师的衣服和体表仍然存在着大量的微生物。第二，无菌的要求是相对的。医学美容文饰技术操作需要尽量做到操作环境及操作过程无菌，但无菌的程度是相对的，只要达到将有害微生物的数量减少至无害的程度即可，并不要求杀灭一切微生物。第三，无菌区域与非无菌物品隔离。在医学美容文饰技术操作过程中，无菌区域只能和无菌物品相接触，若无菌区域遭到了污染，就要重新进行消毒和灭菌。无菌操作非常重要，医学美容文饰技术无菌操作是由一系列操作所构成的，其中包括医学美容文饰操作间的布置、各种器械的消毒灭菌、文饰技师操作前的准备、穿戴消毒衣和消毒手套、文饰部位皮肤的准备、铺消毒巾等，每个环节都不可忽视。

四、医学美容文饰技术操作的感染途径及其预防对策

医学美容文饰技术操作的感染来自多个方面，感染途径及其防治策略介绍如下。

（1）医学美容文饰操作间未做好消毒灭菌处理。在未做好消毒灭菌处理的操作间地面和空气中有众多的微生物，其中部分是有害的。如果这些微生物落在文饰部位的皮肤上，就可能造成感染。防治措施是选择清洁光亮、通风良好的房间作为医学美容文饰操作间，其内保持适当的温度，定期用紫外线消毒灯对房间进行照射消毒。

（2）顾客皮肤上原有微生物侵入。人体皮肤上存在着大量微生物，若文饰部位皮肤消毒不彻底或文饰部位皮肤有感染的情况下就施行医学美容文饰技术操作，则可能造成文饰部位皮肤感染或感染扩散。防治措施是局部皮肤有感染者不得进行医学美容文饰技术操作，操作前对文饰部位皮肤进行消毒。

（3）医学美容文饰技术操作器械等物品被污染。因为这些物品均要接触文饰部位，被微生物污染的物品会造成感染。防治措施是操作前对医学美容文饰技术操作器械等物品进行消毒。

（4）文饰技师操作前个人准备不完善。文饰技师的头发、皮肤、口腔和衣物均可能存在有害微生物，不加防范必定会造成感染。防治措施是文饰技师进行操作时，应穿戴隔离衣和隔离帽，戴口罩，手部清洁消毒，并戴无菌手套。

（5）顾客之间交叉感染。顾客用过的物品，未经消毒再次使用，可能造成交叉感染。

防治措施是医学美容文饰技术操作过程中,直接接触文饰部位皮肤的物品应采取一次性物品,一人一针、一人一杯。需要反复使用的医学美容文饰技术操作器械,操作前要进行消毒。

第二节　医学美容文饰技术的消毒灭菌

视频:第三章第二节　医学美容文饰技术的消毒灭菌

一、消毒与灭菌的概念

医学美容文饰技术要实现无菌操作,必须要运用消毒灭菌技术。

消毒是指用物理或化学方法消除或杀灭除芽孢以外的病原微生物,只能将病原微生物的数量减少到不致病的程度,而不能完全杀灭病原微生物。也就是说,只对繁殖体有效,不能杀死细菌的芽孢,有的消毒方法只起到抑菌的作用。

灭菌是指用物理或化学方法杀灭全部微生物,包括致病和非致病微生物及其芽孢。

在医学美容文饰技术操作过程中,大多数文饰器械及用品(如手工文饰笔、电动文饰仪、色料杯等)需要进行消毒处理。直接接触文饰部位皮肤的物品,如文饰色料、文饰针、操作手套则需要进行灭菌处理。

二、医学美容文饰技术操作中常用的消毒灭菌方法

消毒灭菌的方法有很多,医学美容文饰技术操作中常用到的有以下几种。

(一)物理消毒灭菌法

首先,最常用的是高压蒸汽灭菌法,这是一种可靠、安全的消毒灭菌法,此法适用于手工文饰笔、玻璃器皿、硅胶文饰用品等的灭菌,但不耐高温的塑料、橡胶器材,蒸汽无法透入的油类、粉剂及锐利性易受影响的文饰针最好不使用。其次是煮沸消毒法,现多作为特殊情况下替代高压蒸汽灭菌法的应急措施,消毒时间自水沸开始计算,一般需要15~20 min,对肝炎患者使用过的物品应煮沸30 min,加入碳酸氢钠可以防锈。再次是干热消毒灭菌法,这是利用电热和红外线烤箱高温烘烤来进行灭菌的方法,适用于玻璃、陶瓷等器具,以及不宜采用高压蒸汽灭菌法的明胶、海绵、凡士林、油脂、液体石蜡和各种粉剂等物品的灭菌,不耐高温的物品则不宜使用。最后是紫外线消毒法,此法可用于医学美容文饰操作间的空气消毒,每10~15 m² 的房间应配置30 W 紫外线消毒灯管一支,每次照射40~120 min,注意应定期照射,并定期检查紫外线消毒灯管的照射强度,强度过低时应更换紫外线消毒灯管。

(二)化学消毒法

(1)医学美容文饰技术所用的许多器械非常精细,不便使用前面所述的热力消毒法,而常采用消毒液浸泡的方法。比较常用的消毒液如下。①40%甲醛溶液:可用于浸泡精密器械。②煤酚皂溶液:可浸泡刀、剪及针。③1‰硫柳汞酊溶液:可浸泡塑料、橡胶用品等。④1‰防锈新洁尔灭溶液:可浸泡刀、剪、针等。⑤1‰洗必泰溶液:可浸泡锐利器等。⑥75%酒精:可浸泡刀、剪。⑦40%甲醛加高锰酸钾溶液:用于物品及室内空气消毒。⑧器械消毒液:这种配方比较多,特点是灭菌能力强,防锈,无腐蚀作用,可用于消毒金属锐利器械,如刀、剪、针等,浸泡时间为30~60 min。

(2)医学美容文饰技术的皮肤消毒方法常用的有如下几种。①碘酊消毒法:碘酊为

含碘2%、碘化钾1.5%、酒精64%的溶液，可用于皮肤消毒，消毒后用75%酒精脱碘，以防长期作用损害皮肤。②酒精消毒法：文饰技师用流水洗手后可用70%酒精浸泡消毒，一般浸泡5 min以上。对顾客皮肤消毒则用75%酒精。③1‰新洁尔灭溶液消毒法：此方法对皮肤的局部刺激小。一般用于文饰部位的皮肤消毒。

三、医学美容文饰技术操作中的消毒灭菌要求

文饰前及文饰过程中应该做到环境消毒、用品消毒、文饰技师消毒、文饰部位皮肤消毒。第一，环境消毒。要求：一是拥有独立的操作间，操作前用紫外线消毒灯照射，对空气进行消毒；二是门窗、地面每日一擦，并用消毒液消毒；三是床罩每日一换，床单每客一换；四是围布、毛巾每客一换，并进行高压蒸汽灭菌。第二，用品消毒。要求：一是色料、辅助剂、文饰针、无菌手套每人一份，用后即弃；二是色料杯，应一人一杯，放于消毒液内浸泡20 min以上再使用；三是棉片、棉球、器皿、镊子需要进行高压蒸汽灭菌；四是配备无菌柜，消毒处理后的用品放入无菌柜内保管；五是电动文饰仪使用前，需放入紫外线消毒箱内照射20 min以上。第三，文饰技师的消毒。要求：手部用肥皂水清洗，之后进行消毒；戴无菌手套、工作帽、口罩，穿隔离服。第四，文饰部位皮肤的消毒。推荐使用1‰新洁尔灭溶液对文饰部位皮肤进行局部消毒，以减少消毒液对皮肤的刺激。

复习思考题

一、单项选择题

1. 进行无菌操作前（　　）停止卫生处理。

A. 0.5 h　　　　　　　B. 1 h　　　　　　　C. 2 h　　　　　　　D. 4 h

2. 治疗室每（　　）用紫外线消毒灯照射消毒一次。

A. 两天　　　　　　　B. 日　　　　　　　C. 周　　　　　　　D. 半个月

3. 无菌物品存放于无菌包或无菌容器内，有效期以（　　）为宜。

A. 3天　　　　　　　B. 10天　　　　　　　C. 7天　　　　　　　D. 14天

4. 煮沸消毒法消毒时间一般需要（　　）min。

A. 90　　　　　　　　B. 60　　　　　　　　C. 30～40　　　　　　D. 15～20

5. 紫外线消毒法每10～15 m² 的房间应配置（　　）W 紫外线消毒灯管一支。

A. 15　　　　　　　　B. 30　　　　　　　　C. 60　　　　　　　　D. 100

6. （　　）可用于浸泡精密器械。

A. 煤酚皂溶液　　　　　　　　　　　　　B. 1‰硫柳汞酊溶液

C. 40%甲醛溶液　　　　　　　　　　　　D. 1‰新洁尔灭溶液

7. 文饰技师用流水洗手后可用（　　）酒精浸泡消毒。

A. 70%　　　　　　　B. 75%　　　　　　　C. 95%　　　　　　　D. 35%

二、多项选择题

1. 无菌技术的原则包括（　　）。

A. 对环境的要求　　　　　　　　　　　　B. 对工作人员的要求

C. 对物品管理的要求　　　　　　　　　　D. 操作要求

E. 要求一人一物

2. 物理消毒灭菌法包括（　　）。

A. 高压蒸汽灭菌法　　　　　　　　　　　B. 煮沸消毒法

C. 干热消毒灭菌法　　　　　　　　　　　D. 紫外线消毒法

E. 酒精消毒法

3. 碘酊为含（　　）的溶液。

A. 碘 2%　　　　　　　B. 碘化钾 1.5%　　　　　　C. 酒精 64%

D. 酒精 75%　　　　　　E. 酒精 95%

4. 文饰前及文饰过程中应该做到（　　）。

A. 操作间消毒　　　　　　　　B. 用品消毒　　　　　　　　C. 文饰技师消毒

D. 文饰部位皮肤消毒　　　　　E. 门窗、地面消毒

三、填空题

1. 无菌物品是指经过（　　）方法灭菌后未被污染的物品。

2. 灭菌是指用物理或化学方法杀灭全部微生物，包括（　　）微生物及其芽孢。

四、简答题

1. 简述无菌技术的概念。

2. 医学美容文饰技术的皮肤消毒法常用的有哪些？

3. 比较常用的消毒液有哪些？

4. 简述医学美容文饰技术操作中的消毒灭菌要求。

📖 思政学堂

爱岗敬业

做一个敬业的人，认真地对待学习、生活和工作。严格要求自己、尽职尽责。

爱岗敬业是社会主义核心价值观的一部分，是每个公民都应该具有的精神。对于大学生来说，在未来踏上工作岗位之后，如果专业技术精湛，但缺乏爱岗敬业精神，则对企业、对社会都是一种损失。

第四章

医学美容文饰麻醉技术

视频：第四章
第一节 麻醉
的概念

学习目标

1. 掌握医学美容文饰麻醉技术的概念及原理。
2. 掌握医学美容文饰麻醉技术的操作方法。
3. 熟悉医学美容文饰麻醉技术常用的表面麻醉剂。
4. 了解医学美容文饰麻醉技术规范化操作标准。

第一节　麻醉的概念

一、麻醉学的概念

麻醉学是研究麻醉、镇痛和复苏的一门专业学科，其目的是消除手术操作过程中受术者的疼痛感，保证受术者安全，为手术创造良好的条件，是保证手术安全进行的重要措施。

二、医学美容文饰麻醉技术

医学美容文饰麻醉技术是将穿透力强的局部麻醉药直接用于皮肤或黏膜表面，阻滞皮肤或黏膜浅层的神经末梢的感觉传导，从而减少顾客疼痛感，便于开展文饰操作的麻醉技术。由于医学美容文饰具有创面小、深度浅、恢复快的特点，因此医学美容文饰麻醉属于表面麻醉。可以采用涂抹法、敷贴法等进行操作。

医学美容文饰麻醉可以使顾客避免疼痛，缓解紧张情绪，同时便于文饰技师进行文饰操作，提高医学美容文饰的效果。

医学美容文饰麻醉应做到麻醉效果好，安全性高，副作用小，简便易行，麻醉时间适宜。

视频：第四章
第二节 表面
麻醉药

第二节　医学美容文饰麻醉技术常用的表面麻醉药

一、利多卡因

利多卡因为酰胺类局部麻醉药，对中枢神经系统有明显的兴奋和抑制双向作用：血药浓度较低时，有镇痛作用，患者嗜睡、痛阈提高；随着剂量的加大或毒性作用的增强，

Note

亚中毒血药浓度时有抗惊厥作用。利多卡因具有较强的弥散力和组织穿透力,麻醉范围广,麻醉深度较大,作用持续时间较久。

代表药物有盐酸利多卡因。盐酸利多卡因的麻醉作用比普鲁卡因更强,其维持时间较长,穿透力强,起效快,为临床常用的局部麻醉药。

二、丁卡因(地卡因)

丁卡因的化学稳定性较利多卡因差,若放置较久,则自行分解。与碱性药物等接触时,效果降低。吸收入血迅速,经肝代谢,血药浓度达到中毒水平时,患者出现惊厥、昏迷、呼吸停止及心搏骤停。该药具有良好的表面麻醉作用,能使黏膜充血,但不影响眼压也不损害角膜上皮。

三、丙胺卡因

丙胺卡因是酰胺类局部麻醉药。其作用与利多卡因相似,但作用时间较长,毒性较低,蓄积性较小。与磺胺类药物联用时,可能引起高铁血红蛋白血症。

丙胺卡因可用于硬膜外阻滞麻醉和浸润麻醉等各种麻醉。用法及用量:浸润麻醉时用1%丙胺卡因溶液。各种神经阻滞麻醉或硬膜外阻滞麻醉用2%或3%丙胺卡因溶液。

四、复方利多卡因乳膏

(1)性状:外观为白色乳膏剂。

(2)组成成分:丙胺卡因和利多卡因,每克含丙胺卡因25 mg,利多卡因25 mg。在医学美容文饰操作中,多采用复方利多卡因乳膏或敷贴剂(图4-2-1)。

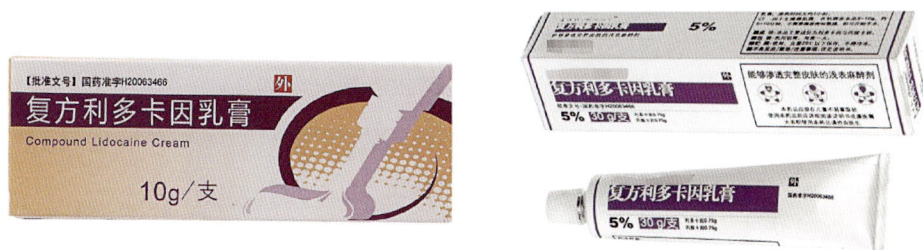

图 4-2-1 复方利多卡因乳膏

(3)使用方法:

①用药方法:在文饰区域皮肤表面涂上一层厚度为2~3 mm的乳膏,再密封敷膜。

②剂量:每10 cm² 3~4 g。

③持续时间:30 min左右。

(4)使用禁忌:

①对酰胺类局部麻醉药或对此类产品中任何成分高度过敏者禁用。

②先天性或特发性高铁血红蛋白血症患者禁用。

③孕妇及哺乳期妇女禁用。

(5)使用注意:复方利多卡因乳膏对角膜有一定的刺激性,可引起角膜刺激反应,在美瞳线文饰操作中,要用棉片、保鲜膜或眼球保护罩隔离角膜。

视频:第四章
第三节 医学
美容文饰麻醉
技术的操作

第三节 医学美容文饰麻醉技术的操作

一、眉部文饰技术中的麻醉技术

将复方利多卡因乳膏涂抹覆盖于眉部操作区域,厚度为 2～3 mm,药物停留时间为 30 min。

可以用医学美容文饰专用保鲜膜加以覆盖,以加强麻醉效果(图 4-3-1)。

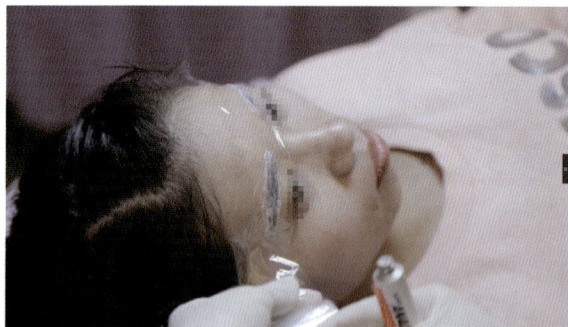

图 4-3-1 眉部文饰麻醉

二、眼部文饰技术中的麻醉技术

用棉片、保鲜膜或眼球保护罩隔离眼球,再用棉签蘸少量复方利多卡因乳膏涂抹覆盖于眼睑睑缘操作区域,药物停留时间为 15～25 min(图 4-3-2)。

涂抹麻醉药时,手法轻柔,用药量少,麻醉药切勿触及球结膜,一旦麻醉药接触到结膜或角膜,顾客会有灼热、刺痛感,应立即用生理盐水冲洗眼内。

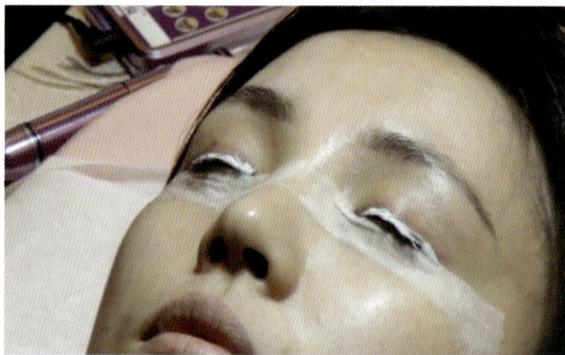

图 4-3-2 眼部文饰麻醉

麻醉结束后,去除复方利多卡因乳膏,用生理盐水滴眼,冲洗眼球,嘱顾客眼球来回转动,以防有残余麻醉药刺激结膜及角膜(图 4-3-3)。

三、唇部文饰技术中的麻醉技术

用棉片将口唇与口腔内部隔离,用浸有 2％～3％丁卡因溶液的棉片或唇贴敷在唇部,持续 25 min,用医学美容文饰专用保鲜膜加以覆盖,以加强麻醉效果(图 4-3-4)。

在文饰操作过程中,如顾客仍有疼痛感,可用丁卡因溶液反复涂抹。

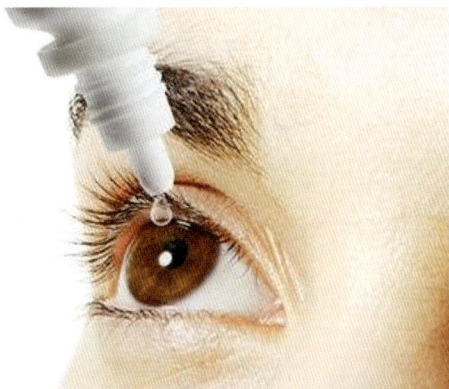

图 4-3-3　冲洗眼球

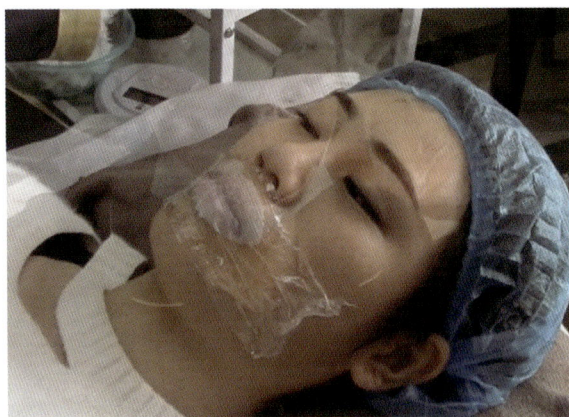

图 4-3-4　唇部文饰麻醉

四、身体其他部位皮肤文饰技术中的麻醉技术

清洁文饰部位皮肤,若文饰部位皮肤角质层较厚,还需要进行软化角质的处理,以利于表面麻醉药的吸收。

将复方利多卡因乳膏涂抹覆盖于文饰操作区域,覆盖范围要大于文饰操作部位 1 cm,厚度为 2～3 mm,药物停留时间为 40 min。可以用医学美容文饰专用保鲜膜加以覆盖,以加强麻醉效果(图 4-3-5)。

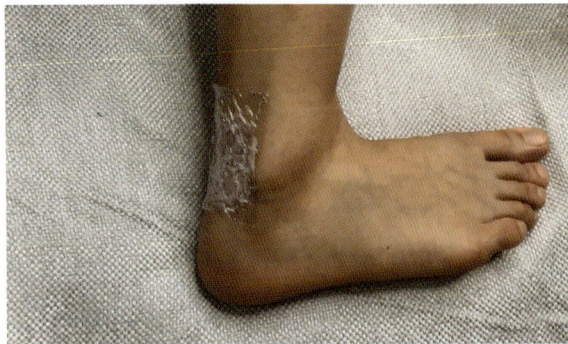

图 4-3-5　身体其他部位文饰麻醉

Note

复习思考题

一、单项选择题

1. 医学美容文饰麻醉技术采用的麻醉药属于(　　　)。

A. 全身麻醉药　　　　B. 局部麻醉药　　　　C. 随机使用　　　　D. 都可以

2. 医学美容文饰技术是实施于眉、眼、唇等部位后重塑出新的色彩形态的(　　　)性皮肤着色术。

A. 无创　　　　　　　B. 绘画　　　　　　　C. 微创　　　　　　D. 暂时

3. 利多卡因为(　　　)类局部麻醉药。

A. 酰胺　　　　　　　B. 酯类　　　　　　　C. 蒽醌类　　　　　D. 生物碱类

4. 当利多卡因血药浓度较低时,有镇痛作用,患者(　　　)、痛阈提高。

A. 嗜睡　　　　　　　B. 兴奋　　　　　　　C. 发热　　　　　　D. 头痛

5. 当丁卡因的血药浓度达到中毒水平时,患者出现(　　　)、昏迷、呼吸停止及心搏骤停。

A. 便秘　　　　　　　B. 惊厥　　　　　　　C. 兴奋　　　　　　D. 头痛

6. 在文饰区域皮肤表面涂抹复方利多卡因的量是(　　　)厚。

A. 1 mm　　　　　　　B. 2~3 mm　　　　　　C. 4~5 mm　　　　　D. 10 mm

7. 在眼部文饰技术中,一旦麻醉药接触到结膜或角膜,顾客会有灼热、刺痛感,应立即用(　　　)冲洗眼内。

A. 自来水　　　　　　B. 生理盐水　　　　　C. 糖水　　　　　　D. 温开水

二、多项选择题

1. 医学美容文饰麻醉技术将局部麻醉药直接作用于(　　　)。

A. 皮肤　　　　B. 黏膜　　　　C. 血液　　　　D. 组织　　　　E. 器官

2. 医学美容文饰的特点是(　　　)。

A. 创面小　　　　B. 深度浅　　　　C. 恢复快　　　　D. 创面大　　　　E. 恢复慢

3. 医学美容文饰麻醉技术采取的麻醉方法是(　　　)。

A. 静脉注射　　　　B. 肌内注射　　　　C. 涂抹　　　　D. 敷贴　　　　E. 吸入

4. 医学美容文饰麻醉技术的要求是(　　　)。

A. 麻醉效果好　　　　B. 安全性高　　　　C. 副作用小　　　　D. 简便易行　　　　E. 麻醉时间适宜

三、填空题

1. 麻醉学是研究(　　　)、镇痛和复苏的一门专业学科。

2. 医学美容文饰麻醉可以使顾客避免疼痛,(　　　),同时便于文饰技师进行文饰操作,提高医学美容文饰的效果。

四、简答题

1. 简述医学美容文饰麻醉技术的概念。

2. 简述眉部文饰技术中的麻醉技术。

3. 简述眼部文饰技术中的麻醉技术。

4. 简述唇部文饰技术中的麻醉技术。

扫码看答案

Note

医学美容文饰技术常用外用药简介

视频：第五章 医学美容文饰技术常用外用药简介

学习目标

1. 掌握医学美容文饰技术常用外用药的类型。

2. 熟悉抗生素类药品、抗病毒类药品、抗过敏药品、促进表皮修复类药品的相关药物成分、性状、适应证、用法用量及不良反应。

第一节　抗生素类药品

一、红霉素软膏

（1）主要成分：红霉素。

（2）性状：本品为白色或淡黄色或黄色软膏（图 5-1-1）。

（3）适应证/功能主治：用于治疗脓疱疮等化脓性皮肤病，小面积烧伤、溃疡面的感染和寻常痤疮。可用于治疗医学美容文饰技术操作后眉部、唇部的细菌性感染。

（4）用法用量：涂于患处，一日 2 次。

（5）不良反应：最常见的不良反应是局部烧灼感，也可有干燥、发痒、红斑，偶见荨麻疹样反应。

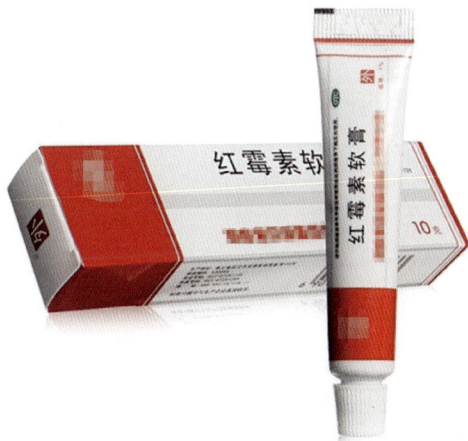

图 5-1-1　红霉素软膏

二、盐酸金霉素眼膏

（1）主要成分：盐酸金霉素。

（2）性状：本品为黄色软膏（图 5-1-2）。

（3）适应证/功能主治：用于治疗细菌性结膜炎、睑腺炎等。也可用于治疗沙眼。可用于治疗眼部文饰技术操作后的细菌性感染。

（4）用法用量：涂于眼睑睑缘或眼睑内，一日 1～2 次，最后一次宜在睡前使用。

（5）不良反应：轻微刺激感；偶见过敏反应，出现充血、眼痒、水肿等症状。

图 5-1-2　盐酸金霉素眼膏

三、盐酸环丙沙星滴眼液

（1）主要成分：盐酸环丙沙星。

（2）性状：本品为无色或微黄色的澄明液体（图 5-1-3）。

（3）适应证/功能主治：用于治疗敏感菌引起的眼部感染（如结膜炎等）。可用于治疗眼部文饰技术操作后的细菌性感染，也可在眼部文饰技术操作后预防性使用。

（4）用法用量：滴于眼睑内，一次 1～2 滴，一日 3～6 次。

（5）不良反应：偶有局部一过性刺激症状。可产生局部灼伤和异物感。眼睑水肿、流泪、畏光、视力减低、过敏反应等较少见。

（6）禁忌：对本品及喹诺酮类药过敏的患者禁用。

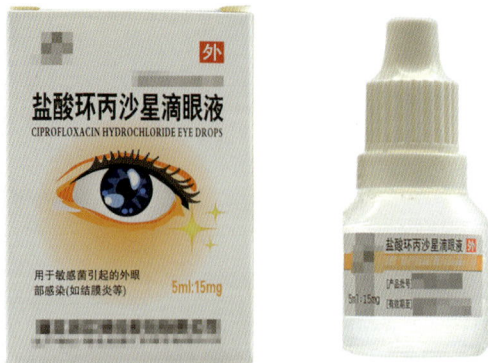

图 5-1-3　盐酸环丙沙星滴眼液

第二节　抗病毒类药品

阿昔洛韦乳膏的介绍如下。

（1）主要成分：阿昔洛韦。

（2）性状：本品为白色软膏（图 5-2-1）。

（3）适应证/功能主治：用于治疗单纯疱疹或带状疱疹。可用于唇部文饰技术操作后的单纯疱疹的治疗。

（4）用法用量：局部外用，一日 4～6 次，连续使用共 7 日。

（5）不良反应：可见轻度灼痛、刺痛、瘙痒以及皮疹等。

图 5-2-1　阿昔洛韦乳膏

第三节　抗过敏药品

一、糠酸莫米松乳膏

（1）主要成分：糠酸莫米松。

（2）性状：本品为白色或类白色软膏（图 5-3-1）。

（3）适应证/功能主治：用于治疗湿疹、神经性皮炎、异位性皮炎及皮肤瘙痒症。可用于治疗医学美容文饰技术操作后因麻醉药刺激、色料刺激等引起的眉部及唇部的过敏反应。

（4）用法用量：局部外用，涂于患处，每日 1 次。

（5）不良反应：①使用本品的局部不良反应极少见，如烧灼感、瘙痒、刺痛和皮肤萎缩等。②长期大量使用糖皮质激素类药物，可造成的不良反应有刺激反应、皮肤萎缩、多毛症、口周皮炎、皮肤浸润、继发感染、皮肤条纹状色素沉着等。

（6）禁忌：对糠酸莫米松和本品中含有的其他成分及糖皮质激素类药物过敏者禁用。

二、吡嘧司特钾滴眼液

（1）主要成分：吡嘧司特钾。

Note

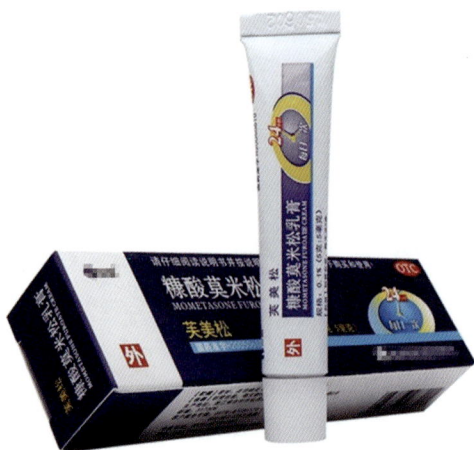

图 5-3-1　糠酸莫米松乳膏

（2）性状：本品为无色澄明溶液（图 5-3-2）。

（3）适应证/功能主治：本品用于治疗过敏性结膜炎、春季卡他性结膜炎。可用于治疗眼部文饰技术操作后因麻醉药刺激、色料刺激等引起的过敏反应。

（4）用法用量：滴于眼睑内，一次 1 滴，一日 2 次（早、晚）。

（5）不良反应：①过敏反应：有时会发生眼睑炎等，一旦出现这些症状，应中止给药。②有时会出现结膜充血、刺激感等症状。

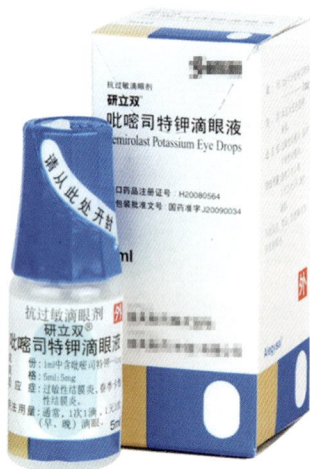

图 5-3-2　吡嘧司特钾滴眼液

第四节　促进表皮修复类药品

重组人表皮生长因子凝胶的介绍如下。

（1）主要成分：重组人表皮生长因子。

（2）性状：本品为无色凝胶（图 5-4-1）。

（3）适应证/功能主治：本品适用于浅表创面及慢性溃疡创面等的治疗。可用于眉部及眼部文饰技术操作后,以促进创面修复。

(4)用法用量:局部外用,均匀涂于创面处,一日2次。

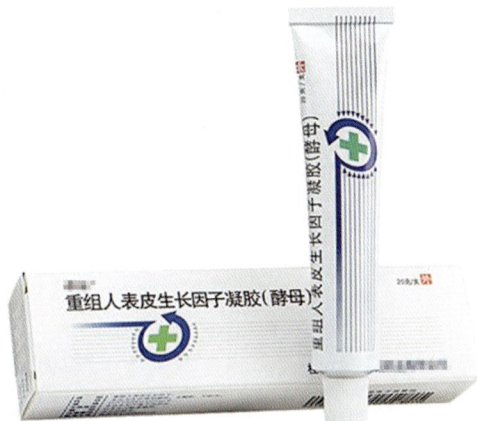

图 5-4-1 重组人表皮生长因子凝胶

复习思考题

一、单项选择题

1. 可用于眼部文饰技术操作后的细菌性感染的是( )。

A. 红霉素软膏　　　　B. 盐酸金霉素眼膏　C. 阿昔洛韦乳膏　　　D. 糠酸莫米松乳膏

2. 对喹诺酮类药过敏的文饰顾客禁用的是( )。

A. 盐酸金霉素眼膏　　　　　　　　B. 盐酸环丙沙星滴眼液

C. 糠酸莫米松乳膏　　　　　　　　D. 阿昔洛韦乳膏

3. 可用于唇部文饰技术操作后单纯疱疹治疗的是( )。

A. 红霉素软膏　　　　　　　　　　B. 阿昔洛韦乳膏

C. 重组人表皮生长因子凝胶　　　　D. 盐酸金霉素眼膏

4. 可用于眼部文饰技术操作后因麻醉药刺激、色料刺激等引起的过敏反应的是( )。

A. 盐酸环丙沙星滴眼液　　　　　　B. 盐酸金霉素眼膏

C. 吡嘧司特钾滴眼液　　　　　　　D. 红霉素软膏

5. 重组人表皮生长因子凝胶属于( )。

A. 抗生素类药品　　　　　　　　　B. 抗病毒类药品

C. 抗过敏药品　　　　　　　　　　D. 促进表皮修复类药品

二、多项选择题

以下属于抗生素类药品的是( )。

A. 红霉素软膏　　　　　　　　　　B. 盐酸金霉素眼膏

C. 盐酸环丙沙星滴眼液　　　　　　D. 糠酸莫米松乳膏

E. 重组人表皮生长因子凝胶

扫码看答案

Note

第六章

医学美容文饰技术的临床并发症及预防

学习目标

1. 掌握眉部、眼部、唇部文饰技术临床并发症的发生原因。
2. 熟悉眉部文饰技术的临床并发症症状及预防。
3. 熟悉眼部文饰技术的临床并发症症状及预防。
4. 熟悉唇部文饰技术的临床并发症症状及预防。

视频：第六章
第一节　眉部
文饰技术的临床并发症及预防

第一节　眉部文饰技术的临床并发症及预防

一、文饰部位皮肤肿胀发红

文饰部位皮肤肿胀发红，如图 6-1-1 所示。

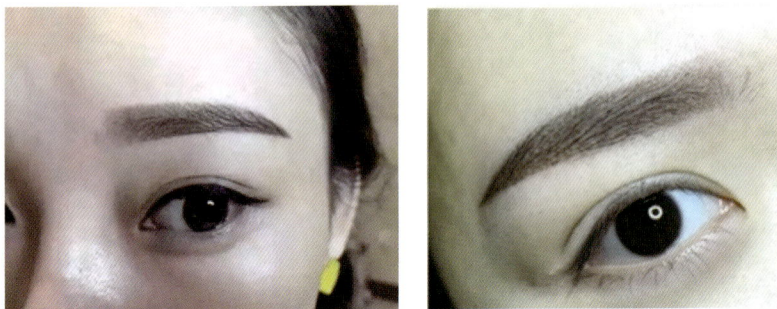

图 6-1-1　文饰部位皮肤肿胀发红

1. 原因　文饰部位皮肤在文饰技术操作过程中被刺激而出现反应性充血、水肿，属于文饰技术操作的正常反应。

2. 预防方法

（1）使用刺激性比较小的皮肤消毒剂及文饰色料。

（2）文饰技术操作过程中手法要轻柔，侵入皮肤的深度控制在表皮及真皮浅层，操作过程中注意无菌操作，必要时在操作后用抗生素预防感染。

3. 处理方法　无须特殊处理，一两天便可自行恢复。

二、局部感染

文饰部位局部感染，如图 6-1-2 所示。

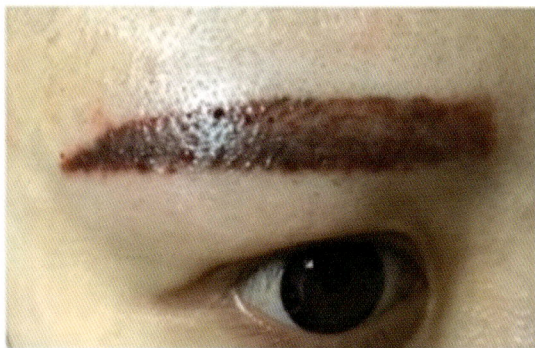

图 6-1-2　文饰部位局部感染

1. 原因

（1）操作前消毒不严格，未遵守无菌技术操作规程。

（2）操作有炎症病变未治愈的情况下实施了文饰技术操作。

（3）操作后护理不当。

2. 预防方法

（1）严格消毒，遵守无菌技术操作规程，文饰部位有炎症者治愈后再施行文饰技术操作。

（2）操作后文饰部位皮肤涂抗生素软膏，既能预防感染又能缓解结痂造成的不适。

3. 处理方法

（1）局部清洁换药。

（2）给予抗生素等治疗。

三、交叉感染

文饰部位交叉感染，如图 6-1-3 所示。

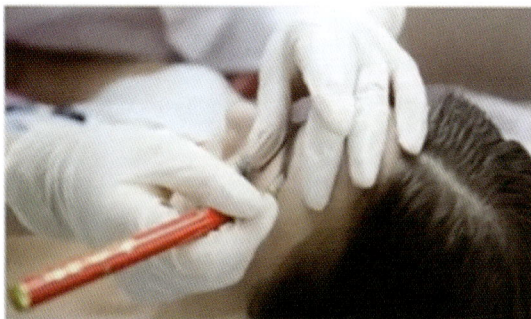

图 6-1-3　文饰部位交叉感染

1. 原因

（1）文饰器械等物品消毒不严格、多人共用文饰针，文饰技师无菌操作不恰当，造成交叉感染。

（2）文饰器械等物品未进行高压蒸汽灭菌处理，仅用酒精或新洁尔灭溶液消毒。肝炎病毒、艾滋病病毒等无法被彻底消灭，可能造成交叉感染。

2. 预防方法　文饰器械应严格消毒，文饰用品要做到每人一针、一套、一杯。

3. 处理方法

（1）发生交叉感染后要进行抗感染治疗。

Note

（2）请专科医生进行处理。

四、过敏

过敏如图 6-1-4 所示。

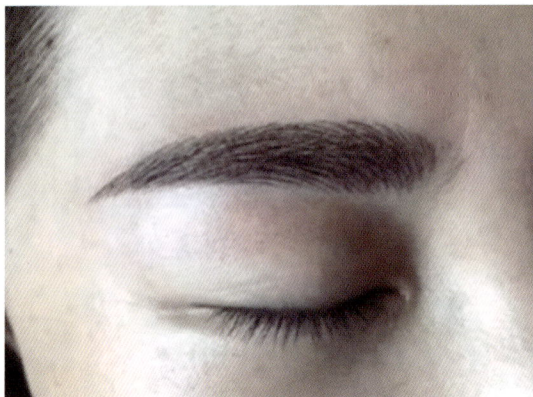

图 6-1-4　过敏

1. 原因　顾客对表面麻醉药、皮肤消毒剂及文饰色料中的某些成分过敏。

2. 预防方法　操作前详细询问顾客的药物过敏史，有可能出现过敏反应的顾客不可进行文饰技术操作。

3. 处理方法

（1）文饰技术操作过程中发生过敏反应时要及时停止操作，进行抗过敏治疗。

（2）请专科医生进行处理。

第二节　眼部文饰技术的临床并发症及预防

一、感觉异常

感觉异常如图 6-2-1 所示。

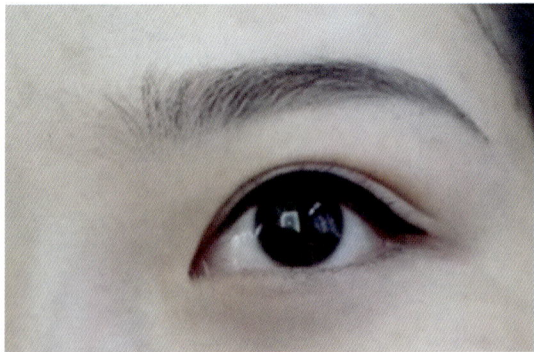

图 6-2-1　感觉异常

1. 原因　表面麻醉药刺激眼睑皮肤，或文饰技术操作过程中眼睑皮肤受到损伤而出现轻微的灼热感或痒感。

2. 预防方法

（1）眼睑皮肤敷麻醉药用量要少。

（2）操作过程中手法轻柔，侵入皮肤的深度控制在真皮及真皮浅层。

3. 处理方法

（1）无须特殊处理，异常感觉一两天可自行恢复。

（2）若眼部不适感较重，持续 1 天无好转，可能为眼部组织损伤较重的反应，应及时到医院眼科就诊。

二、眼睑肿胀

眼睑肿胀如图 6-2-2 所示。

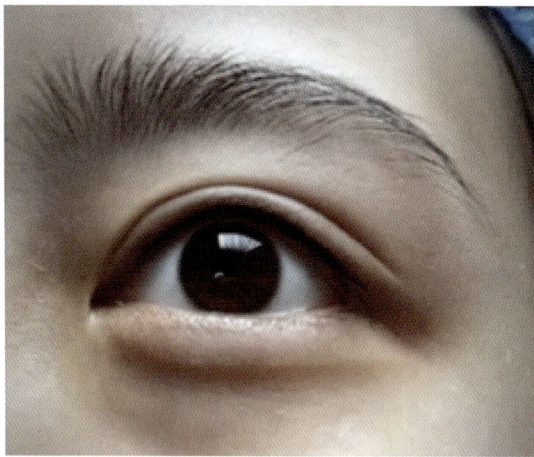

图 6-2-2 眼睑肿胀

1. 原因 麻醉药刺激和文饰技术操作过程可造成组织损伤而引起反应性组织水肿。

2. 预防方法

（1）眼睑皮肤敷麻醉药用量要少。

（2）操作过程中手法轻柔，侵入皮肤的深度控制在表皮及真皮浅层。

3. 处理方法 无须特殊处理，一两天可自行恢复。

三、局部感染

局部感染如图 6-2-3 所示。

1. 原因

（1）操作前消毒不严格，没有遵守无菌技术操作规程。

（2）操作后护理不当。

2. 预防方法

（1）严格消毒并遵守无菌技术操作规程。

（2）文饰技术操作结束后使用抗生素滴眼液滴眼可预防感染。

（3）操作后三日文饰部位少量涂抹抗生素眼膏，既可预防感染，又可缓解不适感。

3. 处理方法

（1）给予抗生素治疗。

（2）若感染持续无好转，应及时到医院眼科就诊。

Note

图 6-2-3　局部感染

第三节　唇部文饰技术的临床并发症及预防

一、感觉异常

感觉异常如图 6-3-1 所示。

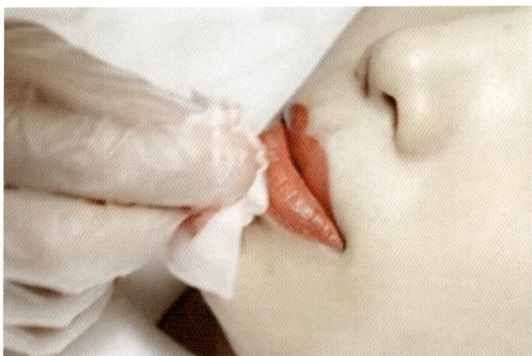

图 6-3-1　感觉异常

1. 原因

（1）表面麻醉药刺激唇部黏膜。

（2）文饰技术操作过程中唇部黏膜受到损伤而出现轻微的热感、痒感或刺痛感。

2. 预防方法

（1）操作过程中手法轻柔，侵入唇部黏膜的深度控制在 1 mm 以内。

（2）操作后饮食清淡，避免摄入辛辣刺激性食物。

3. 处理方法

（1）无须特殊处理，异常感觉一两天可自行消失。

（2）若不适感较重，持续 1 天无好转，可能为唇部组织损伤较重的反应，应及时到医院就诊。

二、局部感染

局部感染如图 6-3-2 所示。

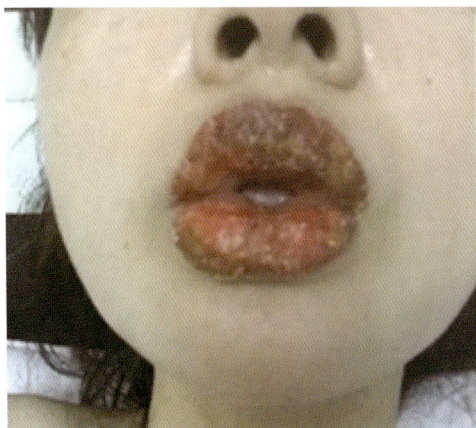

图 6-3-2　局部感染

1. 原因

（1）操作前消毒不严格，未遵守无菌技术操作规程。

（2）操作后护理不当。

2. 预防方法

（1）严格消毒并遵守无菌技术操作规程。

（2）文饰技术操作结束后使用抗生素软膏涂抹唇部，既能预防感染，又能缓解不适感。

3. 处理方法

（1）外用抗生素软膏治疗。

（2）若感染持续无好转，应及时到医院就诊。

三、口唇疱疹

口唇疱疹如图 6-3-3 所示。

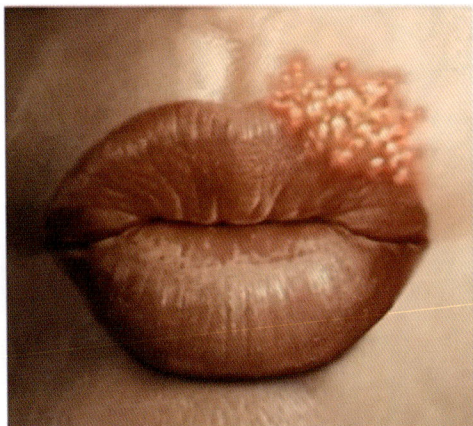

图 6-3-3　口唇疱疹

1. 原因　文饰技术操作过程中，唇部黏膜损伤较重，造成局部免疫力下降，继而发生单纯疱疹病毒感染。

2. 预防措施

（1）严格消毒并遵守无菌技术操作规程。

Note

（2）操作过程中手法轻柔，尽量减少黏膜损伤。

（3）操作后饮食清淡，避免摄入辛辣刺激性食物。

3. 处理方法　进行抗病毒治疗，可口服阿昔洛韦片，或唇部外用阿昔洛韦乳膏。

四、慢性唇炎

慢性唇炎如图 6-3-4 所示。

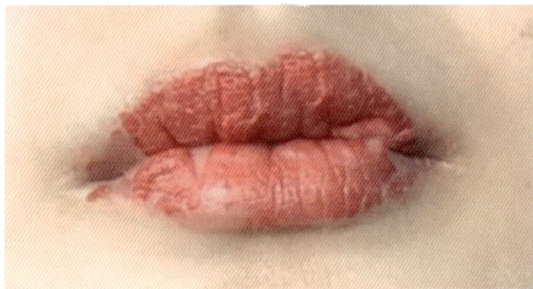

图 6-3-4　慢性唇炎

1. 原因

（1）唇部文饰技术操作后发生局部感染未能有效治疗而发展为慢性唇炎。

（2）顾客对文饰色料过敏而导致唇部黏膜反复出现干燥、瘙痒、脱屑等症状。

2. 预防方法

（1）避免操作后局部感染的发生。

（2）选用安全性好的文饰色料。

（3）操作后饮食清淡，避免摄入辛辣刺激性食物。

3. 处理方法

（1）选用刺激性小的润唇膏保护唇部。

（2）外用糖皮质激素类乳膏。

复习思考题

一、单项选择题

1. 以下图片属于局部感染的是（　　　　）。

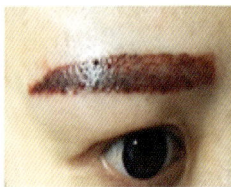

　　　A　　　　　　　　　B　　　　　　　　　C　　　　　　　　　D

2. 在唇部文饰技术操作过程中，出现局部感染，应使用（　　　　）治疗。

A. 外用金霉素　　　　　　　　　　　　　B. 口服阿昔洛韦片

C. 外用糖皮质激素类乳膏　　　　　　　　D. 外用抗生素软膏

3. 唇部文饰技术操作时，侵入唇部黏膜的深度控制在（　　　　）以内。

A. 2 mm　　　　　　B. 3 mm　　　　　　C. 1 mm　　　　　　D. 4 mm

4. 文饰技术操作过程中需进行（　　　　），防止细菌进入文饰创面。

扫码看答案

Note

A. 无菌操作　　　　　　　　　　　　B. 通风操作

C. 在紫外线消毒灯下操作　　　　　D. 灭菌操作

5. 下列哪项不是文饰技术操作前及文饰技术操作过程中消毒技术的操作要领？（　　）

A. 环境消毒　　　　　　　　　　　　B. 用品消毒

C. 顾客的全身消毒　　　　　　　　D. 文饰技师消毒

6. 下列哪项不影响眉部文饰技术操作？（　　）

A. 瘢痕体质者　　　B. 过敏体质者　　　C. 精神状态异常者　　D. 由各种原因引起的眉毛脱落

7. 下列哪项不是眉部文饰技术操作的禁忌证？（　　）

A. 眉部皮肤有炎症、皮疹或过敏者

B. 患有传染性皮肤病者（如性病、艾滋病患者等）

C. 高血压、心脏病、糖尿病患者

D. 皮肤有痤疮者

二、多项选择题

1. 以下属于眉部文饰部位过敏的是（　　）。

A. 红肿　　　B. 水疱　　　C. 糜烂　　　D. 渗液结痂　　　E. 脱屑

2. 眉部文饰技术包括（　　）。

A. 提眉术　　　B. 切眉术　　　C. 隆眉弓术　　　D. 文眉术　　　E. 眉毛种植术

3. 下列选项中不适合做眼部文饰技术操作的是（　　）。

A. 睑缘炎　　　B. 睑腺炎　　　C. 结膜炎　　　D. 眼部正常　　　E. 瘢痕体质者

4. 唇部文饰技术临床并发症中对口唇疱疹的预防措施是（　　）。

A. 严格消毒并遵守无菌技术操作规程

B. 操作过程中手法轻柔，尽量减少黏膜损伤

C. 术后饮食清淡，避免摄入辛辣刺激性食物

D. 外用糖皮质激素类乳膏

E. 选用刺激性小的润唇膏保护唇部

三、填空题

1. 眉部文饰技术操作造成眉部皮肤肿胀时，一般（　　）可自行恢复。

2. 文饰用品要做到（　　）。

3. 文饰器械等物品消毒不严格、多人共用文饰针，文饰技师无菌操作不恰当，容易造成（　　）。

4. 进行眉部文饰技术操作前，应详细询问顾客（　　）。

四、简答题

1. 简述眉部文饰技术造成局部感染的原因、预防方法和处理方法。

2. 简述眼部文饰技术造成眼睑肿胀的原因、预防方法和处理方法。

3. 简述唇部文饰技术造成局部感染的原因、预防方法和处理方法。

下篇

技能实训篇

第七章

眉部文饰技术项目分解训练

实训 1　眉形设计实训

实训 1.1　标准眉形设计绘画训练

实训目标

1. 掌握标准眉形的设计方法。
2. 具备在绘图纸上进行标准眉形绘图的技能。
3. 养成认真细致、精益求精的工匠精神。

一、实训用品准备

素描本、直尺、自动铅笔(0.5 mm)、自动铅笔芯、橡皮、多色圆珠笔等。

二、实训方法及步骤

(一) 认识眉形各部位名称

眉形各部位名称如图 7-1-1 所示:眉形最内侧点为眉头点,最外侧点为眉尖点,眉形上弧线最高点为眉峰点,下弧线最低点为眉肚点,眉峰点正对的眉形下弧线点即眉形下弧线最高点,为眉心点。眉头点至眉峰点的连线为眉坡线,眉头点至眉肚点的弧线为眉肚弧线,眉峰点至眉尖点的弧线为眉尾上弧线,眉肚点至眉心点的连线为眉腰线,眉心点至眉尖点的弧线为眉尾下弧线。

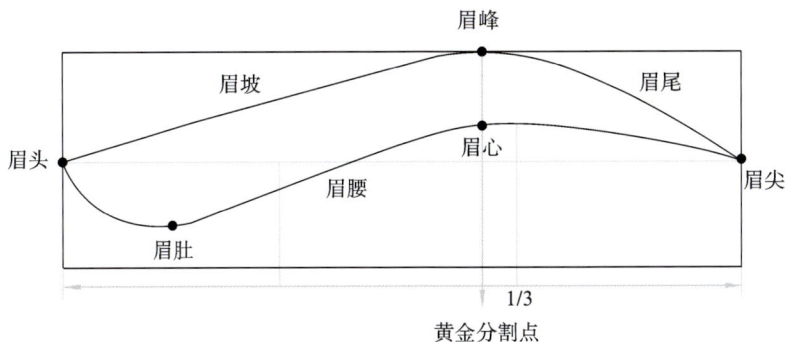

图 7-1-1　眉形各部位名称

Note

（二）绘画步骤及方法

标准眉形的绘画步骤及方法如下(图 7-1-2)。

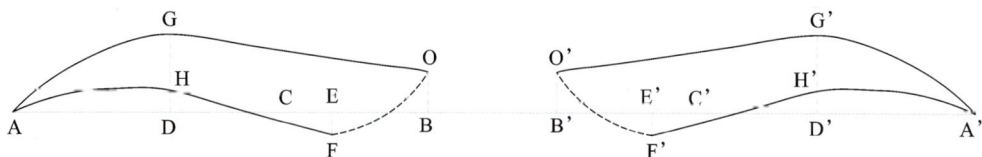

图 7-1-2　标准眉形绘画图示

（1）画基准线：画一条 13 cm 的线段 AA'，在距离 A 及 A'点 5.5 cm 处定 B 及 B'点，则 AB 与 A'B'分别为左、右眉的基准线。

（2）定眉头、眉峰、眉心、眉肚、眉尖点：在 AB 及 A'B'线上定 C 及 C'点，使 BC：AB=1：3，B'C'：A'B'=1：3；定 D 及 D'点，使 BD：AB=0.618，B'D'：A'B'=0.618。在 B 及 B'点正上方 5 mm 处定 O 及 O'点，则 O 及 O'为左、右眉的眉头点；在 BC 及 B'C'的 1/3 处定 E 点，使 BE：BC=2：3，B'E'：B'C'=2：3，E 点的下方 3 mm 处定 F 及 F'点，则 F 及 F'点为左、右眉的眉肚点；在 D 及 D'点正上方 10 mm 处定 G 及 G'点，则 G 及 G'点为左、右眉的眉峰点；在 D 及 D'点正上方 3 mm 处定 H 及 H'点，则 H 及 H'点为左、右眉的眉心点；A 及 A'点为左、右眉的眉尖点。

（3）连接各点，确定眉形：直线连接 O、G 点及 O'、G'点，确定眉坡线；直线连接 F、H 点及 F'、H'点，确定眉腰线；弧线连接 G、A 点及 G'、A'点，确定眉尾上弧线；弧线连接 H、A 点及 H'、A'点，确定眉尾下弧线；虚弧线连接 O、F 点及 O'、F'点，确定眉肚弧线。

（4）调整完成：对比左、右眉，调整弧线至左、右眉形对称，完成。

（5）训练精确度：标准眉形绘画技法掌握后，可以用自动铅笔画基准线及定点，用多色圆珠笔的浅色确定眉形，训练绘画精确度，并为眉部线条绘画技能实训准备眉形底图。

三、技法要点

（1）本技法设定眉毛的长度为中国女性眉毛平均长度 5.5 cm，眉毛宽度为中国女性眉毛平均宽度 0.8 cm，在具体的眉形设计中，可根据顾客的具体情况确定不同的眉长及眉宽，但眉形各部分的比例应大致不变。

（2）直线与弧线的衔接要自然流畅，浑然一体；弧线要符合眉毛美学要求。

（3）眉尖点务必高于眉肚点，否则会形成八字眉。

（4）左、右眉形要对称。

我 的 作 品

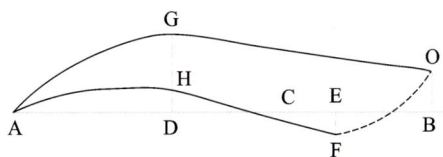
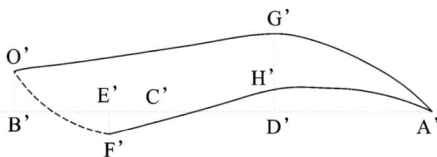

Note

技能实训效果评价

实训项目名称			标准眉形设计绘画训练	
班级		姓名		学号
序号	评分标准		评分权重	得分
1	眉形整体长度、宽度符合中国女性眉毛的平均长度与平均宽度		10分	
2	眉形定点准确		10分	
3	线条流畅		10分	
4	弧线与直线衔接自然流畅		15分	
5	左、右眉形对称		15分	
6	眉形绘画灵动自然,美感较强		20分	
7	眉形与底图中眼睛的大小形态和谐,生动自然		20分	
总分			100分	
教师评语				
改进意见				

实训 1.2　平眉眉形设计绘画训练

实训目标

1. 掌握平眉眉形的设计方法。
2. 具备在绘图纸上进行平眉眉形绘图的技能。
3. 养成严谨认真、精益求精的服务意识。

视频:实训 1.2 平眉眉形设计绘画训练

一、实训用品准备

素描本、直尺、自动铅笔(0.5 mm)、自动铅笔芯、橡皮、多色圆珠笔等。

二、实训方法及步骤

(一)认识眉形各部位名称

眉形各部位名称如图 7-1-3 所示。眉形最内侧点为眉头点,最外侧点为眉尖点,眉形上弧线最高点为眉峰点,下弧线最低点为眉肚点,眉峰点正对的眉形下弧线点即眉形下弧线最高点,为眉心点。眉头点至眉峰点的连线为眉坡线,眉头点至眉肚点的弧线为眉肚弧线,眉峰点至眉尖点的连线为眉尾上框线,眉肚点至眉心点的连线为眉腰线,眉心点至眉尖点的连线为眉尾下框线。

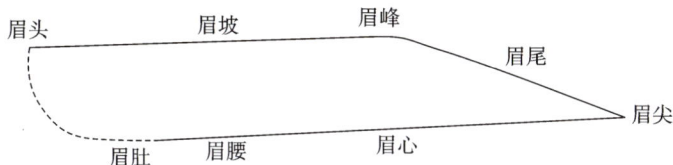

图 7-1-3　眉形各部位名称

(二)绘画步骤及方法

平眉眉形的绘画步骤及方法如图 7-1-4 所示。

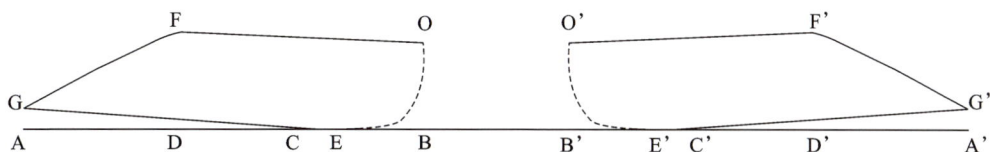

图 7-1-4　平眉眉形绘画图示

(1)画基准线:画一条 13 cm 的线段 AA',在距离 A 及 A'点 5.5 cm 处定 B 及 B'点,则 AB 与 A'B'分别为左、右眉的基准线。

(2)定眉头、眉峰、眉肚、眉尖点:

①在 AB 及 A'B'线段内侧三分之一距离 B、B'点 1.8 cm 处定 C、C'点。
②在 AB 及 A'B'线段内侧距离 A、A'点 2.1 cm 处定 D、D'点。
③在 BC 及 B'C'线段内侧三分之二距离 B、B'点 1.2 cm 处定 E、E'点为眉肚点。
④在 B、B'点上方 0.8 cm 处定 O、O'点为眉头点。
⑤在 D、D'点上方 0.8 cm 处定 F、F'点为眉峰点。
⑥在 A、A'点上方 0.2 cm 处定 G、G'点为眉尖点。

Note

（3）连接各点，确定眉形。

①直线连接 O、F 点及 O'、F'点确定眉坡线。

②直线连接 E、G 点及 E'、G'点确定眉形底线。

③直线连接 F、G 点及 F'、G'点，确定眉尾上框线。

④虚弧线连接 O、E 点及 O'、E'点，确定眉肚弧线。

（4）调整完成：对比左、右眉，调整弧线至左、右眉形对称，完成。

（5）训练精确度：平眉眉形绘画技法掌握后，可以用自动铅笔画基准线及定点，用多色圆珠笔的浅色确定眉形，训练绘画精确度，并为眉部线条绘画技能实训准备眉形底图。

三、技法要点

（1）本技法设定眉毛的长度为中国女性眉毛平均长度 5.5 cm，眉毛宽度为中国女性眉毛平均宽度 0.8 cm，在具体的眉形设计中，可根据顾客的具体情况确定不同的眉长及眉宽，但眉形各部分的比例应大致不变。

（2）直线与弧线的衔接要自然流畅，浑然一体；弧线要符合眉毛美学要求。

（3）眉尖点务必高于眉肚点，否则会形成八字眉。

（4）左、右眉形要对称。

我的作品 1

我的作品 2

技能实训效果评价

实训项目名称		平眉眉形设计绘画训练		
班级		姓名	学号	

序号	评分标准	评分权重	得分
1	眉形整体长度、宽度符合中国女性眉毛的平均长度与平均宽度	10 分	
2	眉形定点准确	10 分	
3	线条流畅	10 分	
4	弧线与直线衔接自然流畅	15 分	
5	左、右眉形对称	15 分	
6	眉形绘画灵动自然,美感较强	20 分	
7	眉形与底图中眼睛的大小形态和谐,生动自然	20 分	
总分		100 分	

教师评语	
改进意见	

实训 1.3　其他眉形设计绘画训练

实训目标

1. 掌握上扬眉形、高挑眉形、欧式眉形、男士标准眉形、男士剑眉眉形的设计方法。

2. 具备在绘图纸上进行上扬眉形、高挑眉形、欧式眉形、男士标准眉形、男士剑眉眉形绘图的技能。

3. 养成认真细致、精益求精的工匠精神。

一、实训用品准备

素描本、直尺、自动铅笔(0.5 mm)、自动铅笔芯、橡皮、多色圆珠笔等。

二、实训方法及步骤

(一)眉形变化的基本规律

人类眉毛的形态千变万化,美的眉形也各不相同,彰显出每个人独特的气质风貌。无论是何种眉形,其结构均遵循共同的规律,掌握这些规律,我们就可以设计描绘各种眉形。

(1)眉形的基本结构均可由眉头点、眉峰点、眉肚点、眉心点、眉尖点确定,眉峰点与眉心点基本位于眉形中外 1/3 处。

(2)调整眉头点、眉峰点、眉肚点、眉心点、眉尖点的相对位置关系,就可以设计描绘不同的眉形。

(二)各种眉形的结构分析

各种眉形眉头点(A 点)、眉峰点(B 点)、眉肚点(C 点)、眉心点(E 点)、眉尖点(F 点)的相对位置关系(图 7-1-5 至图 7-1-9)。

图 7-1-5　上扬眉形定位点的相对位置关系

图 7-1-6　高挑眉形定位点的相对位置关系

(三)绘画步骤及方法

不同眉形的绘画步骤及方法如下。

(1)画基准线:在水平位置上画两条 6 cm 长的线段,分别为左、右眉的基准线,并三等分,两条基准线间隔约 3 cm。

(2)确定眉形结构点:依据不同眉形眉头点(A 点)、眉峰点(B 点)、眉肚点(C 点)、眉心点(E 点)、眉尖点(F 点)与基准线的相对位置关系确定各点位置。

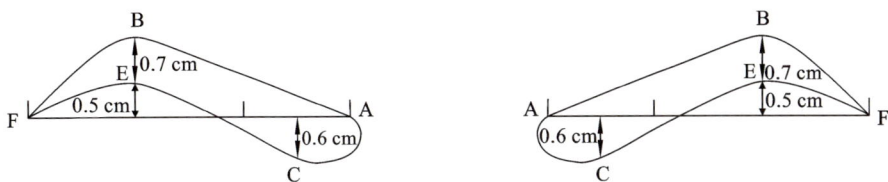

图 7-1-7　欧式眉形定位点的相对位置关系

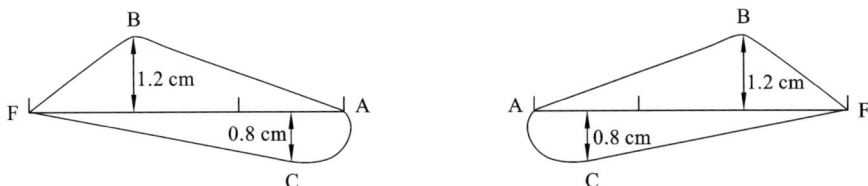

图 7-1-8　男士标准眉形定位点的相对位置关系

图 7-1-9　男士剑眉眉形定位点的相对位置关系

（3）连接各点，确定眉形：直线连接 A、B 点确定眉坡线；直线连接 C、E 点确定眉腰线；弧线（或直线）连接 B、F 点、E、F 点，确定眉尾形态；弧线连接 A、C 点，确定眉肚弧线。

（4）调整完成：对比左、右眉，调整弧线至左、右眉形对称，完成。

（5）训练精度：不同眉形绘画技法掌握后，可以用自动铅笔画基准线及定点，用多色圆珠笔的浅色确定眉形，训练绘画精确度，并为眉部线条绘画技能实训准备眉形底图。

三、技法要点

（1）本技法设定眉毛的长度为中国女性眉毛偏长长度 6 cm，以增强眉形个性表现力，眉毛宽度不限定，在具体的眉形设计中，可根据顾客的具体情况确定不同的眉长及眉宽，但眉形各部分的比例应大致不变。

（2）直线与弧线的衔接要自然流畅，浑然一体；弧线要符合眉毛美学要求。

（3）不同的眉形应以线条弧度的不同来展现不同的气质风貌。

（4）左、右眉形要对称。

四、作品欣赏

女士常见眉形如图 7-1-10 所示，男士标准眉形如图 7-1-11 所示。

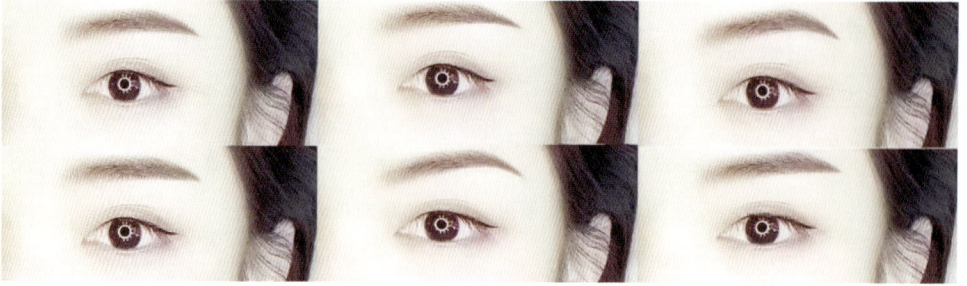

图 7-1-10　女士常见眉形

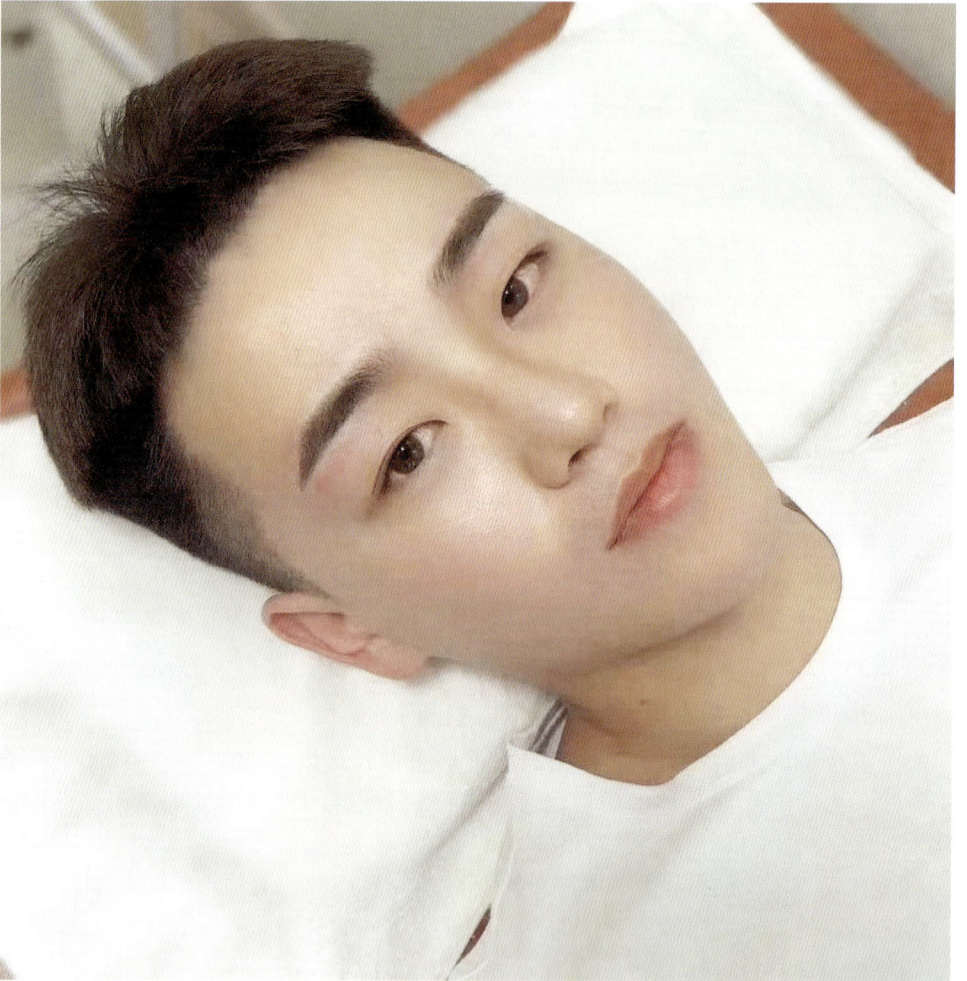

图 7-1-11　男士标准眉形

我的作品——上扬眉形

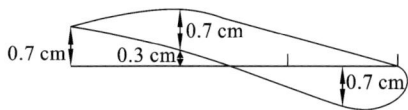

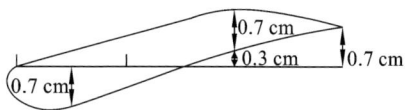

我的作品——高挑眉形

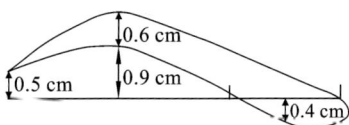

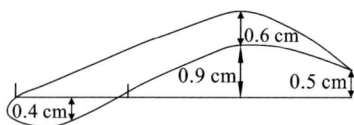

0.6 cm
0.5 cm
0.9 cm
0.4 cm

0.6 cm
0.9 cm
0.5 cm
0.4 cm

我的作品——欧式眉形

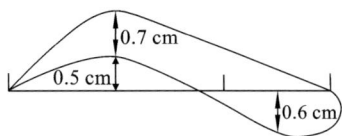

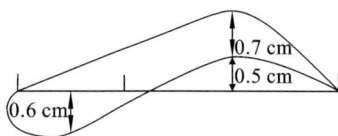

我的作品——男士标准眉形

我的作品——男士剑眉眉形

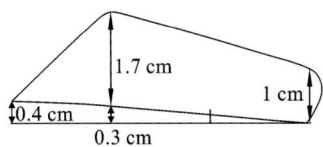

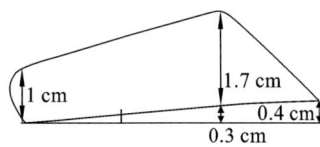

1.7 cm 1 cm 0.4 cm 0.3 cm

1 cm 1.7 cm 0.4 cm 0.3 cm

技能实训效果评价

实训项目名称		其他眉形设计绘画训练		
班级		姓名		学号
序号	评分标准		评分权重	得分
1	眉头点、眉峰点、眉肚点、眉心点、眉尖点定位合理		10 分	
2	线条流畅		10 分	
3	直线之间衔接自然流畅		10 分	
4	左、右眉形对称		15 分	
5	表现力强,能呈现眉形应有的气质风貌		15 分	
6	眉形绘画灵动自然,美感较强		20 分	
7	眉形与底图中眼睛的大小形态和谐,生动自然		20 分	
总分			100 分	
教师评语				
改进意见				

实训 1.4 不同脸形眉形设计绘画训练

实训目标

1. 掌握不同脸形眉形的设计原则。

2. 具备在绘图纸上针对不同脸形进行眉形绘图的技能。

3. 养成严谨认真、精益求精的工匠精神。

一、实训用品准备

素描本、直尺、自动铅笔(0.5 mm)、自动铅笔芯、橡皮等。

二、实训方法及步骤

(一) 认识眉形的基本位置

(1) 眉头点：位于内眼角正上方或略偏内侧，在鼻翼边缘与内眼角连线的延长线上。两眉头间距约等于一个眼裂长度。

(2) 眉尾：稍倾斜向下，眉尖点的水平位置高于眉肚点，在同侧鼻翼与外眼角连线的延长线上。

(3) 眉峰点：位置应在眉长中外 1/3 交界处，或在两眼平视前方时鼻翼外侧与瞳孔外侧缘连线的延长线上。

眉形在面部的位置如图 7-1-12 AR 所示。

(二) 不同脸形的眉形设计原则

(1) 椭圆脸：线条圆润的标准眉形。

(2) 圆脸：眉尾上扬、略显棱角的眉形。

(3) 方脸：眉尾上扬、眉峰圆润的眉形。

(4) 长脸：略带弧度的平眉眉形。

(5) 三角脸：平眉眉形或标准眉形。

(6) 倒三角脸：眉间距略宽、眉峰圆润的标准眉形或高挑眉形。

(7) 菱形脸：眉尾上扬、眉峰圆润的弧形眉形。

(三) 绘画步骤及方法

(1) 确定眉形：在绘画练习底图上依据脸形，确定基本眉形。

(2) 确定眉形的基本位置及结构：依据眼睛的形态确定眉头点、眉峰点、眉肚点、眉心点、眉尖点的位置，确定眉形的基本结构。

(3) 描画眉形：将眉头点、眉峰点、眉肚点、眉心点、眉尖点连接，描画眉形。

(4) 调整修改：观察眉形，进行局部调整修改，使之与脸形及眼睛形态相和谐。

三、技法要点

(1) 眉形的长度和宽度不拘泥于之前眉形练习的长度和宽度要求，而是根据绘画底图的脸形及眼睛形态确定。

(2) 眉头点、眉峰点、眉肚点、眉心点、眉尖点的定位可根据脸形进行适当调整，但不可过度偏离眉形的基本位置。

(3) 眉形要左右对称，与五官相和谐，自然生动。

Note ✚

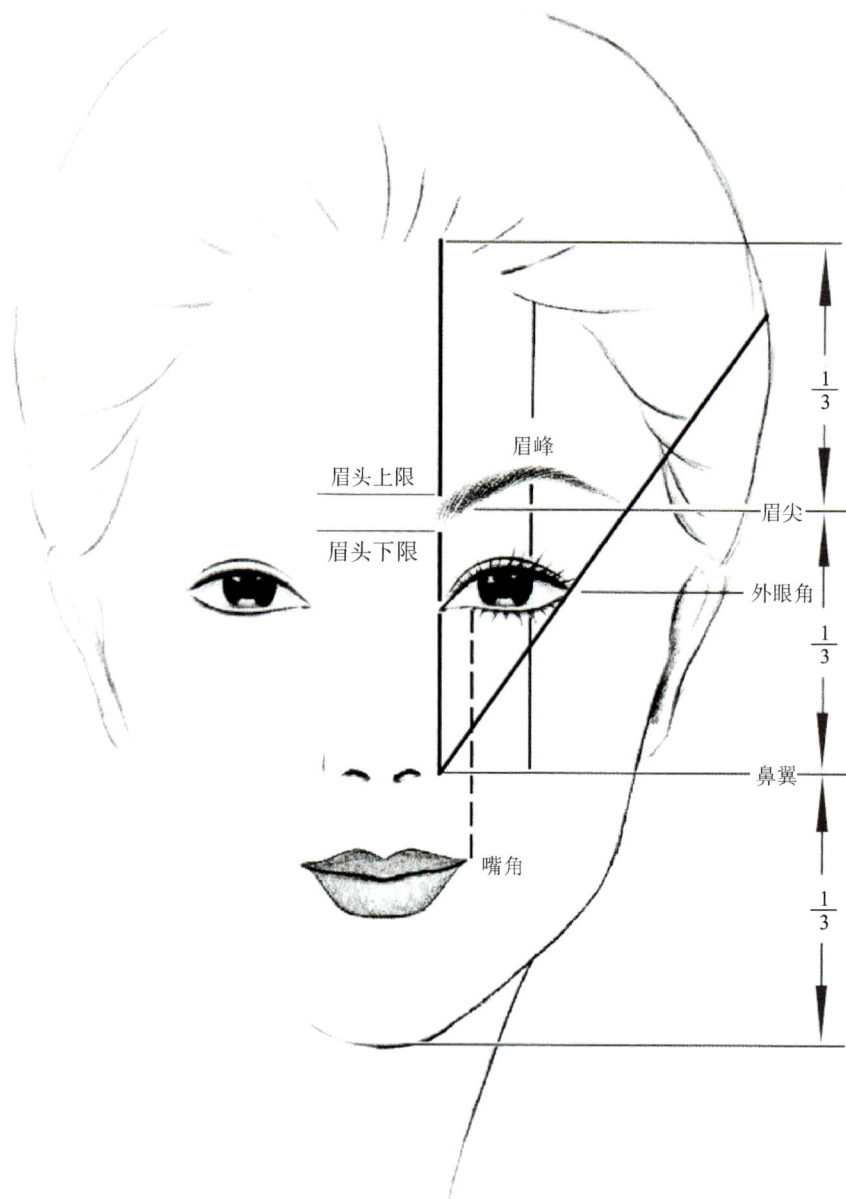

AR　**图 7-1-12　眉形在面部的位置图**

微信搜一搜

华中出版AR

操作提示：微信扫码打开AR小程序，
扫描有AR标注的图片

我的作品 1

请在训练底图上为不同的脸形描绘恰当的眉形（标准脸形）。

我的作品 2

请在训练底图上为不同的脸形描绘恰当的眉形（倒三角脸）。

我的作品 3

请在训练底图上为不同的脸形描绘恰当的眉形（圆脸）。

Note

我的作品 4

请在训练底图上为不同的脸形描绘恰当的眉形(方脸)。

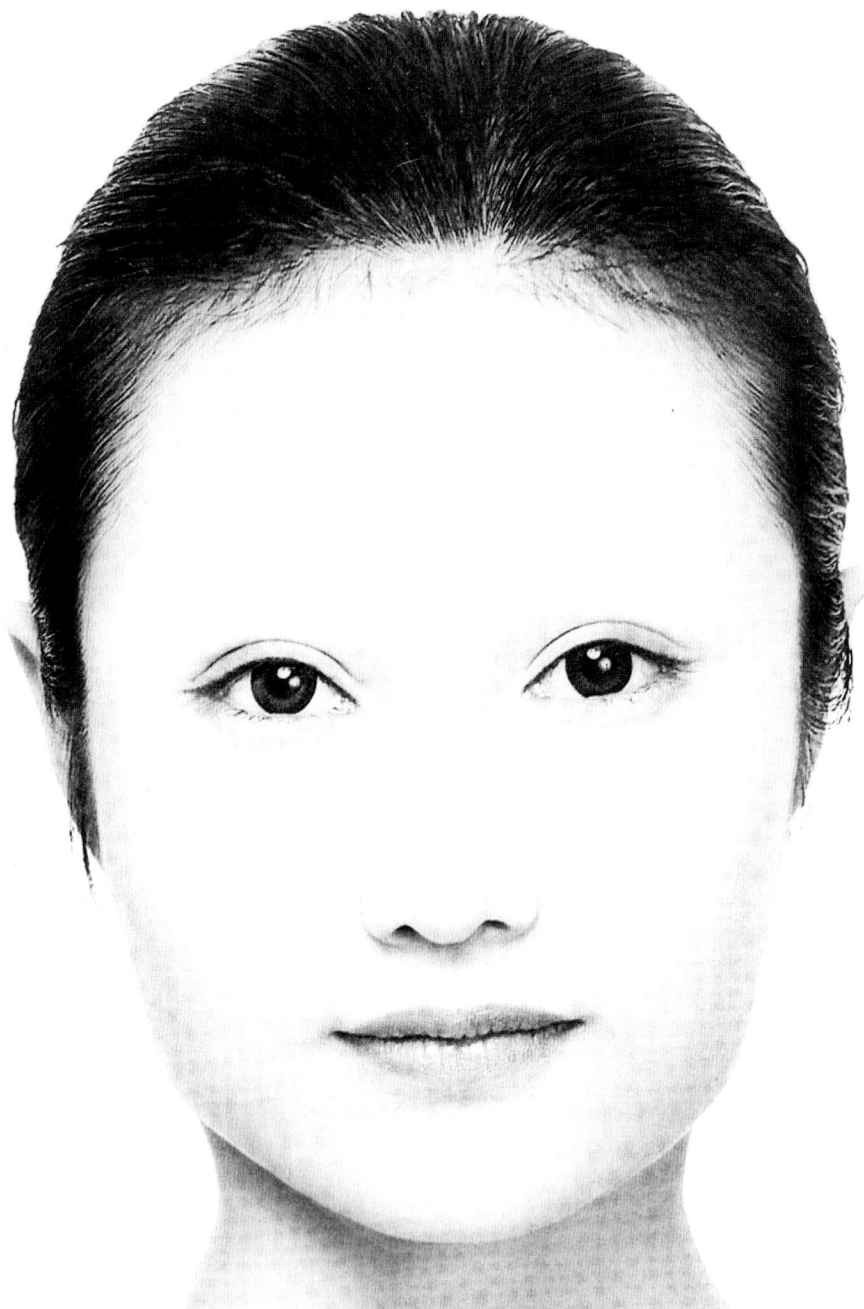

我的作品 5

请在训练底图上为不同的脸形描绘恰当的眉形（长脸）。

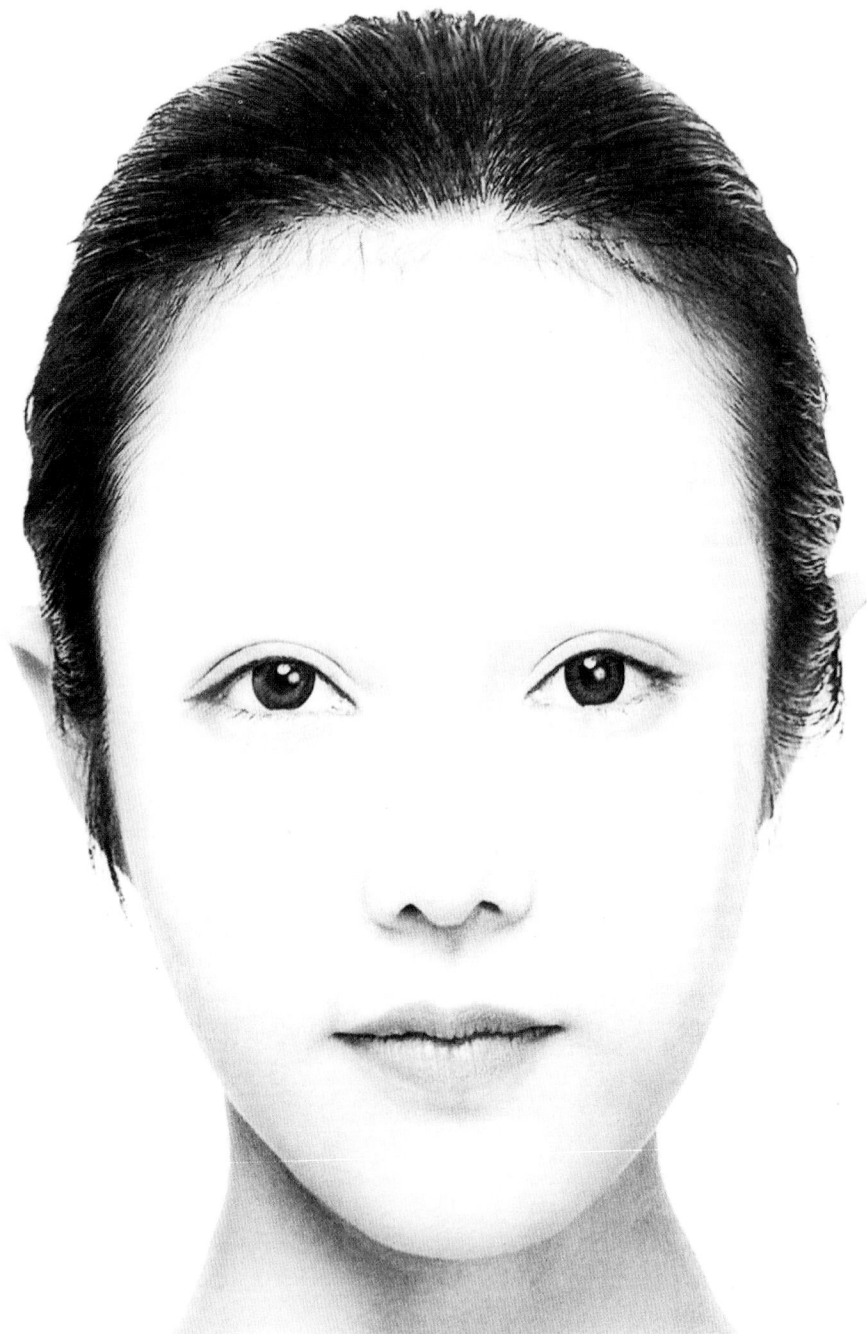

我的作品 6

请在训练底图上为不同的脸形描绘恰当的眉形（菱形脸）。

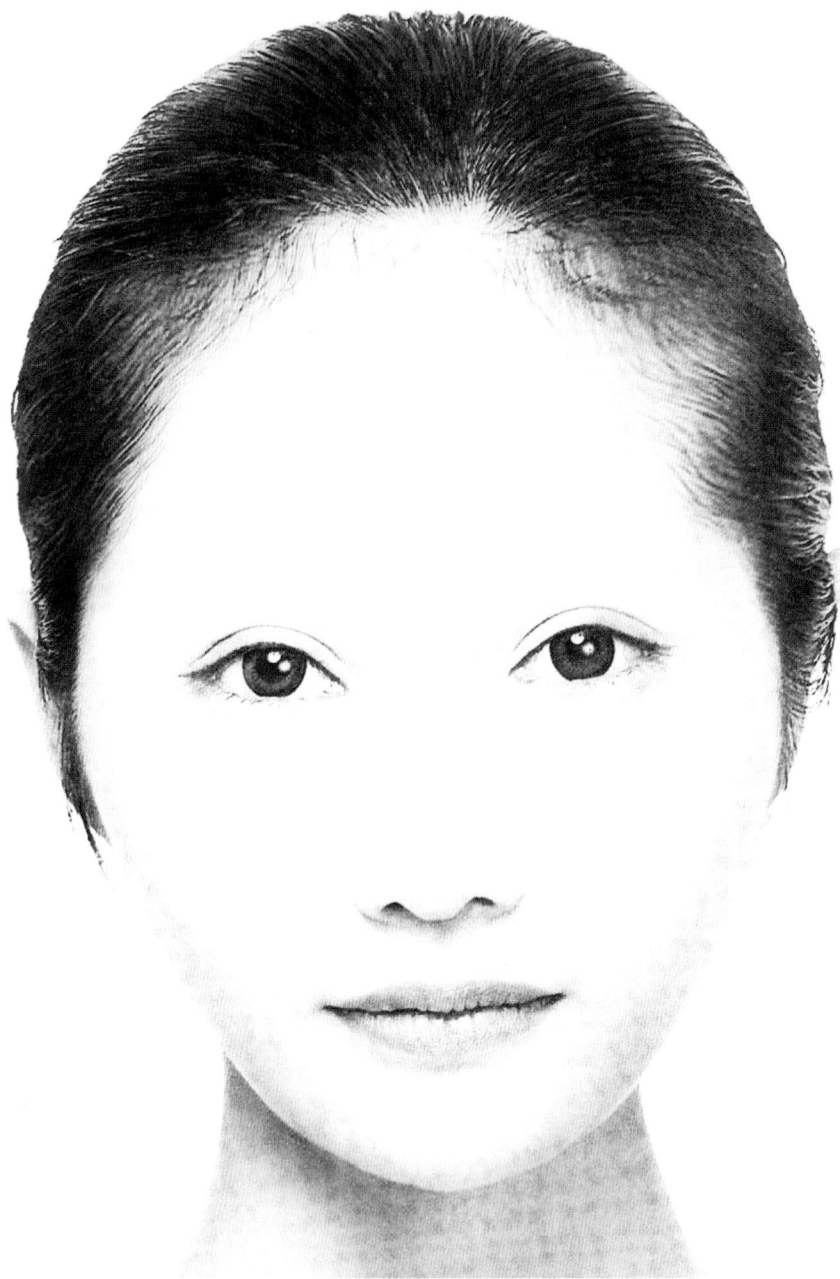

我的作品 7

请在训练底图上为不同的脸形描绘恰当的眉形（三角脸）。

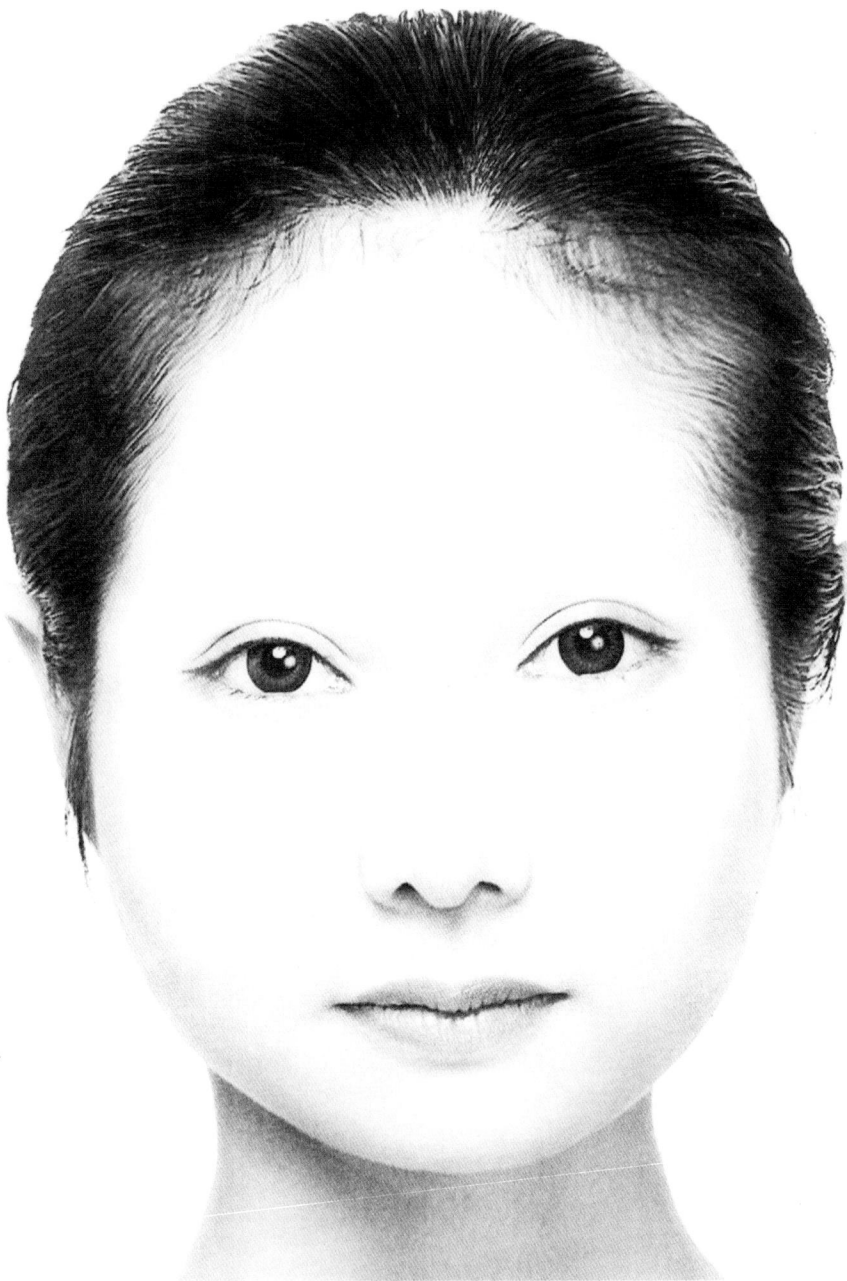

技能实训效果评价

实训项目名称		不同脸形眉形设计绘画训练		
班级		姓名		学号
序号	评分标准		评分权重	得分
1	眉形的长度及宽度与脸形及眼形协调		20分	
2	眉头点、眉峰点、眉肚点、眉心点、眉尖点定位合理		20分	
3	线条流畅		20分	
4	左、右眉形对称		20分	
5	眉形与底图中的五官相和谐,自然生动		20分	
总分			100分	
教师评语				
改进意见				

实训 2　手工文饰眉部线条绘画实训

实训 2.1　基础线条绘画技法

实训目标

1. 掌握基础线条绘画技法。
2. 具备在绘图纸上进行基础线条绘图的技能。
3. 养成严谨认真、精益求精的服务意识。

视频:实训 2.1
基础线条绘
画技法

一、实训用品准备

素描本、直尺、自动铅笔(0.5 mm)、自动铅笔芯、橡皮、多色圆珠笔等。

二、实训方法及步骤

(一)认识眉形各部位名称

眉形各部位名称如图 7-2-1 所示。眉形最内侧点为眉头点,最外侧点为眉尖点,眉形上弧线最高点为眉峰点,下弧线最低点为眉肚点,眉峰点正对的眉形下弧线点即眉形下弧线最高点,为眉心点。眉头点至眉峰点的连线为眉坡线,眉头点至眉肚点的弧线为眉肚弧线,眉峰点至眉尖点的弧线为眉尾上弧线,眉肚点至眉心点的连线为眉腰线,眉心点至眉尖点的弧线为眉尾下弧线。

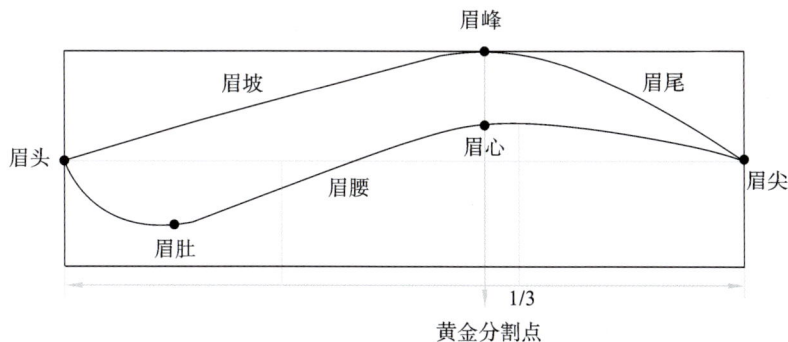

图 7-2-1　眉形各部位名称

(二)操作方法

初学者端坐椅桌前,左手压住素描本,防止其滑动,右手前臂和肘关节放于桌面上,以固定腕关节的相对位置,模仿手工文饰笔的持笔方式。要求拇指、中指、食指三指持笔。笔杆尽量保持垂直,笔尖轻触纸面。描绘过程中要尽量保持笔尖与纸面的垂直状态。

(三)用力技巧

在线条描画过程中,腕关节摆动,以腕部的力量推动笔尖弧形移动。起笔轻着力,中间重着力,收笔轻着力。使线条呈现轻—重—轻的节奏感及弧形的飘动感。

Note

（四）眉毛基础线条画法

（1）右侧眉毛基础线条画法：初学者端坐于桌前，左手压住素描本，防止其滑动，右手持笔，保持笔尖垂直于纸面，轻触纸面，以轻—重—轻的节奏向外上方向，画出长度为1～1.5 cm的弧形线条。

（2）左侧眉毛基础线条画法：初学者端坐于桌前，左手压住素描本，防止其滑动，右手持笔，保持笔尖轻触纸面，以轻—重—轻的节奏向内下方向，画出长度为1～1.5 cm的弧形线条。

三、注意事项

（1）勿将弧线画成直线。

（2）线条要流畅：初学者腕关节摆动不匀速，弧线出现卡顿，有折角。

（3）要表现出节奏感：初学者未能掌握轻—重—轻的用力方法，弧线视觉上粗细一致，未能表现出节奏感。

我 的 作 品

技能实训效果评价

实训项目名称			基础线条绘画技法训练		
班级		姓名		学号	
序号	评分标准		评分权重		得分
1	眉形整体长度、宽度符合中国女性眉毛的平均长度与平均宽度		10分		
2	眉形定点准确		10分		
3	基础线条流畅		10分		
4	弧线与直线衔接自然流畅		15分		
5	左、右眉形对称		15分		
6	基础线条绘画灵动自然,美感较强		20分		
7	基础线条流畅自然		20分		
总分			100分		
教师评语					
改进意见					

实训 2.2　眉头线条排列技法

视频:实训 2.2
眉头线条排
列技法

实训目标

1. 掌握眉头线条排列技法。
2. 具备在绘图纸上进行眉头线条排列绘图的技能。
3. 养成严谨认真、精益求精的服务意识。

一、实训用品准备

素描本、直尺、自动铅笔(0.5 mm)、自动铅笔芯、橡皮、多色圆珠笔等。

二、实训方法及步骤

(一)眉头线条排列规律

眉头主线条一般是5~8根,弧形向上,线条角度逐渐过渡。

特点:第1根短,第2根长,第3根弯,第4根飘,第5、6、7根向后倒,第8根压在眉线上。

(二)排列绘画过程分解

眉头线条排列绘画过程分解如下。

(1)画基准线:借助直尺用多色圆珠笔画一条基准线。

(2)右眉眉头线条排列:用自动铅笔按下列规则由基准线起笔向后上方画第1根主线条,较短,第2根主线条长,第3根主线条弯,第4根主线条飘,第5、6、7根向后倒,第8根主线条压在眉线上。

(3)左眉眉头线条排列:用自动铅笔按下列规则由基准线起笔向后下方画第1根主线条,较短,第2根主线条长,第3根主线条弯,第4根主线条飘,第5、6、7根向后倒,第8根主线条压在眉线上(图7-2-2)。

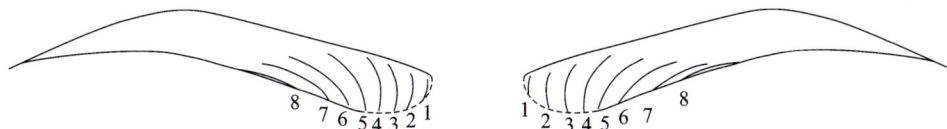

图 7-2-2　眉头线条排列图示

三、眉形中的线条排列

在设计好的眉形中进行眉头线条排列绘画时,以眉肚弧线为基准线,第4根主线条连接上框线,末根眉毛重叠下框线。

四、左眉眉头线条分解训练技巧

(1)练习时,初学者需端坐于桌前,左手压住素描本防止其滑动,右手执笔,利用手腕上下摆动,做适合于初学者掌握的向外抛弧(上抛)和内收弧(下抛)的顺滑手法练习。

(2)眉毛的形态虽然各有不同,但其生长状态是有一定规律可循的。为了缩短练习时间,让每一根眉毛都尽在我们手腕活动的掌控范围内,最行之有效的方法就是在练习过程中不断地调整素描本的角度,以适应手腕的摆动,轻松地飘画出每一根弧线。

(3)每一位初学者经过如此反复练习,在实际操作时,就能自然而然地通过调整自己和顾客的坐姿方位,来完成外抛或内收的动作,生动地绘画出眉毛弧度。

Note

（4）眉头起笔的第一根主线条是眉毛线条中最短小的一根，初学者掌握好练习方法就可以生动地将其毛感表现出来。

五、右眉眉头线条分解训练技巧

（1）在左眉眉头线条练习完成后，可以进行右眉眉头线条练习。为了完全达到两条眉毛动态对称的效果，可将练习素描本完全倒过来，右手转向外握笔，内旋手腕，右眉眉头的所有线条均采用内收弧（下抛式）顺滑绘图的手法。

（2）练习时，为了锻炼眼力的平衡对称感，可以目测甚至用直尺在两条眉毛之间标出坐标轴，AB 线和 CD 线，量出 OF 之间的距离反转成 OE 的距离即为右眉头第 1 根主线条的起笔。找出 CF 之间和 DE 之间相等的距离再进行第 2、3、4 根眉头主线条的排列绘图（图 7-2-3），后面主线条的对称排列绘图以此类推。

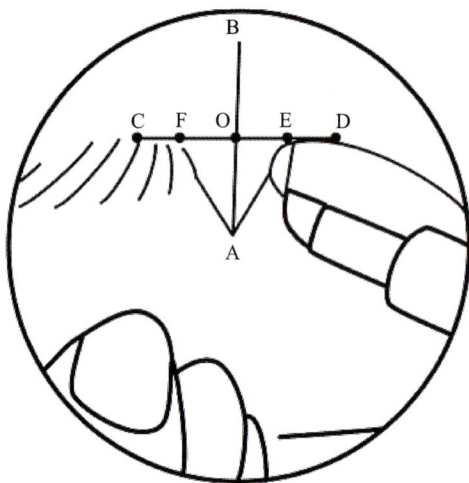

图 7-2-3 眉头线条练习

（3）参考左眉眉头绘出右眉眉头每一根主线条，利用坐标线和点，尽量做到与左眉眉头眉形对称，眉头主线条依次越画越长的同时，离眉形的上框线越来越远，这一点和左眉是相同的。

（4）右眉眉头最后一根主线条要画在同左眉眉头最后一根主线条相对称的下框线的位置上。最后一根主线条定宽窄，此技巧与左眉眉头相同。

我的作品 1

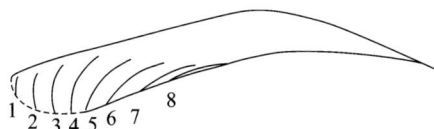

我的作品 2

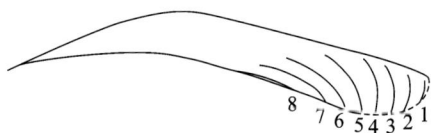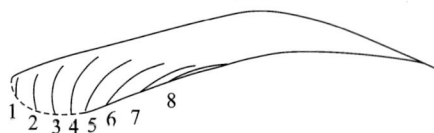

技能实训效果评价

实训项目名称		眉头线条排列技法训练		
班级		姓名	学号	
序号	评分标准		评分权重	得分
1	眉形整体长度、宽度符合中国女性眉毛的平均长度与平均宽度		10分	
2	眉头线条排列定点准确		10分	
3	线条流畅		10分	
4	弧线与直线衔接自然流畅		15分	
5	左、右眉头线条对称		15分	
6	眉头线条排列灵动自然，美感较强		20分	
7	左、右眉头线条排列和谐，生动自然		20分	
总分			100分	
教师评语				
改进意见				

Note

实训 2.3　眉尾线条排列技法

实训目标

1. 掌握标准眉尾线条排列的设计方法。
2. 具备在绘图纸上进行标准眉尾线条绘图的技能。
3. 养成严谨认真、精益求精的服务意识。

一、实训用品准备

素描本、直尺、自动铅笔(0.5 mm)、自动铅笔芯、橡皮、多色圆珠笔等。

二、实训方法及步骤

(一)眉尾线条排列规律

眉尾线条可根据情况设计任意根,均为向后下方的弧线。

眉尾的第1根主线条与眉头的第4根主线条不相接,但相呼应成连续的圆弧,眉尾线条基本呈平行排列,最后1根重叠于眉尾上框线,收笔于眉尖。

(二)眉尾线条排列过程分解

(1)画眉形:用多色圆珠笔画好眉形,用自动铅笔填充好眉头线条。

(2)眉尾第1根主线条:于眉形上框线眉头第4根主线条收笔处往后一点起笔,向后下方画眉尾的第1根弧线,收笔于眉形下框线。

(3)眉尾其余线条:在眉尾的第1根弧线后方依次画平行的弧线,所有眉尾弧线均起笔于眉形上框线、收笔于眉形下框线,线条之间的距离大约与眉头线条间距相等,最后1根主线条重叠于眉尾上框线、收笔于眉尖(图7-2-4)。

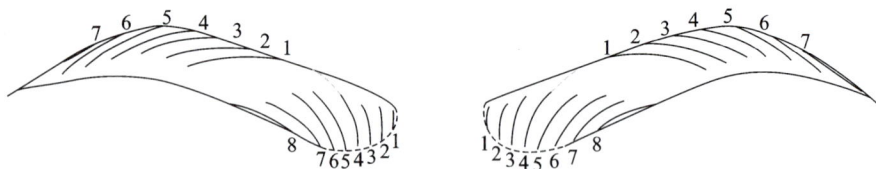

图 7-2-4　眉尾线条排列图示

三、左眉眉尾线条分解训练技巧

(1)将素描本向左倾斜,使其与身体或桌面边缘成10°角左右,进行眉尾第1根主线条的描绘。在熟练掌握后,操作者可根据顾客眉形实际情况调整线条根数。眉尾主线条每画一根则向左旋转一下素描本,直到素描本与桌面边缘呈平行状态。

(2)眉尾主线条的第1根与眉头的第4根相呼应,眉毛的运笔方向基本上与眉毛上缘弧线平行。眉尾第1根主线条画好后,依上所述再次将素描本向左微微旋转,在眉头第6~7根处入笔画眉尾第2根主线条,始终记住手腕外旋。

(3)眉尾的最后一笔一定要画在眉形上框线的眉尖部分,并与之重合,它决定着整条眉毛的形态美,是点睛之笔。

四、右眉眉尾线条分解训练技巧

(1)右眉眉尾第1根主线条画好后,依上所述,将素描本向右微微旋转。在眉头第6~7根处入笔画眉尾第2根主线条,和眉头第3根主线条呈呼应状,与眉尾第1根主线条基本上平行,末梢接近眉形下框线,间距参考左眉眉尾主线条之间的距离,尽量与之相等。

（2）练习者继续保持端坐位,素描本继续保持与桌面边缘平行,或根据个人情况微微向右再旋转一点以方便操作。通过前面的练习,我们已经知道眉尾线条的排列技巧和眉尾最后 1 根主线条的重要性。因此,在练习过程中可以参考上述方法来完成右眉眉尾第 3、4、5 根主线条的绘图。眉尾最后 1 根主线条的动感十分关键,和左眉一样,为了便于调整,尽量下笔轻淡些。注意随时保持自动铅笔与素描本垂直,并仍需要外旋手腕画出弧度,以表现眉毛的动态和张力。

（3）最后要注意左、右眉形线条排列对称。

我的作品 1

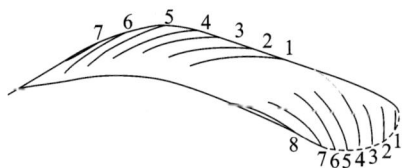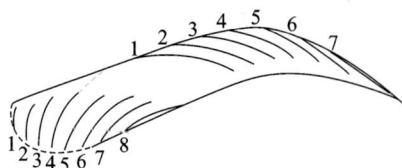

我的作品 2

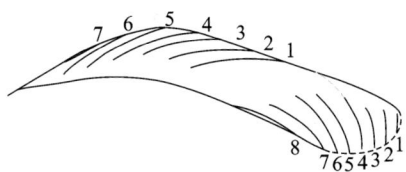
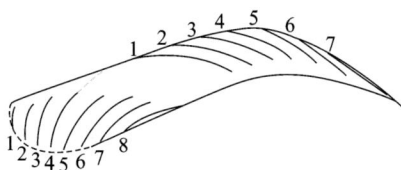

技能实训效果评价

实训项目名称		眉尾线条排列技法训练		
班级		姓名		学号
序号	评分标准		评分权重	得分
1	眉形整体长度、宽度符合中国女性眉毛的平均长度与平均宽度		10 分	
2	眉尾线条排列定点准确		10 分	
3	线条流畅		10 分	
4	弧线与直线衔接自然流畅		15 分	
5	左、右眉尾线条对称		15 分	
6	眉尾线条绘画灵动自然,美感较强		20 分	
7	眉尾线条排列和谐,生动自然		20 分	
总分			100 分	
教师评语				
改进意见				

实训 2.4　眉腰过渡线条排列技法

视频:实训 2.4
眉腰过渡线
条排列技法

实训目标

1. 掌握眉腰过渡线条排列技法。
2. 具备在绘图纸上进行眉腰过渡线条排列绘图的技能。
3. 养成严谨认真、精益求精的服务意识。

一、实训用品准备

素描本、直尺、自动铅笔(0.5 mm)、自动铅笔芯、橡皮、多色圆珠笔等。

二、实训方法及步骤

(一)认识眉形各部位名称

眉形各部位名称如图 7-2-5 所示。眉形最内侧点为眉头点,最外侧点为眉尖点,眉形上弧线最高点为眉峰点,下弧线最低点为眉肚点,眉峰点正对的眉形下弧线点即眉形下弧线最高点,为眉心点。眉头点至眉峰点的连线为眉坡线,眉头点至眉肚点的弧线为眉肚弧线,眉峰点至眉尖点的弧线为眉尾上弧线,眉肚点至眉心点的连线为眉腰线,眉心点至眉尖点的弧线为眉尾下弧线。

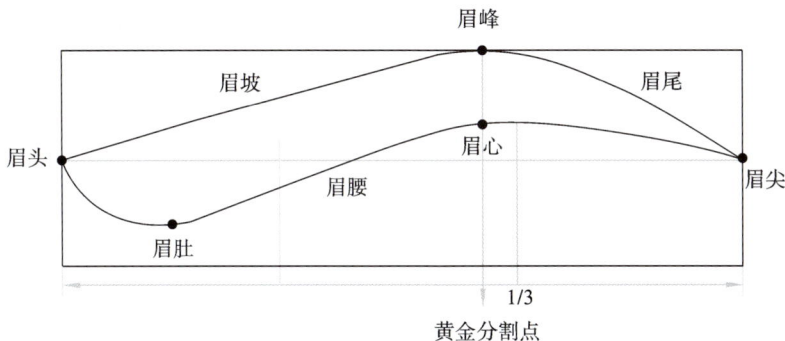

图 7-2-5　眉形各部位名称

(二)眉腰过渡线条排列

(1)眉腰过渡线条的排列规律:

①根数:可以根据具体情况设定。

②弧线走势:以让眉头弧线与眉尾弧线自然过渡为佳。

③过程分解:用多色圆珠笔的浅色画好眉形,用自动铅笔填充好眉头和眉尾线条。

(2)画眉腰线条:分别在眉头第 5、6、7 根线条后画弧线,弧线不能与眉头线条相衔接,要留有空隙并呼应,形成连贯的弧形。弧度与眉头第 4 根线条和眉尾第 1 根线条相呼应。收笔向眉心靠拢,止笔于眉形的下框线。

三、注意事项

(1)弧线与眉头线条不能衔接。线条要表现出眉毛根根分明的状态。若初学者未能理解,将眉腰弧线与眉头弧线相连接,这样就失去了仿真的效果。

(2)弧线不能排列成同心圆,眉毛排列要体现出疏密错落的层次感。若初学者未能理解,未将收笔向眉心靠拢,排列成了同心圆,就会显得呆板。

Note

我 的 作 品

技能实训效果评价

实训项目名称		眉腰过渡线条排列技法训练		
班级		姓名		学号
序号	评分标准		评分权重	得分
1	眉形整体长度、宽度符合中国女性眉毛的平均长度与平均宽度		10 分	
2	眉形定点准确		10 分	
3	眉腰线条流畅		10 分	
4	弧线与直线衔接自然流畅		15 分	
5	左、右眉形对称		15 分	
6	线条绘画灵动自然,美感较强		20 分	
7	眉腰线条整体流畅、生动自然		20 分	
总分			100 分	

教师评语	
改进意见	

实训 2.5　辅助线条的穿插排列技法

视频:实训 2.5 辅助线条排列技法

实训目标

1. 掌握辅助线条的穿插排列技法。
2. 具备在绘图纸上进行辅助线条的穿插排列绘图的技能。
3. 养成严谨认真、精益求精的服务意识。

一、实训用品准备

素描本、直尺、自动铅笔(0.5 mm)、自动铅笔芯、橡皮、多色圆珠笔等。

二、实训方法及步骤

(一)认识眉形各部位名称

眉形各部位名称如图 7-2-6 所示。眉形最内侧点为眉头点,最外侧点为眉尖点,眉形上弧线最高点为眉峰点,下弧线最低点为眉肚点,眉峰点正对的眉形下弧线点即眉形下弧线最高点,为眉心点。眉头点至眉峰点的连线为眉坡线,眉头点至眉肚点的弧线为眉肚弧线,眉峰点至眉尖点的弧线为眉尾上弧线,眉肚点至眉心点的连线为眉腰线,眉心点至眉尖点的弧线为眉尾下弧线。

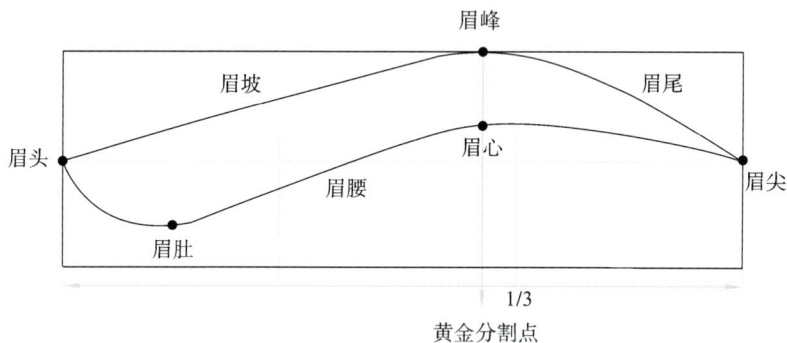

图 7-2-6　眉形各部位名称

(二)辅助线条

辅助线条是穿插在主线条之间的线条,以填充主线条之间的空隙。辅助线条与主线条基本平行,眉头部位辅助线条的起笔应在主线条起点的后方,留白处表现眉头的虚实渐变;眉尾部辅助线条的起笔在眉形上框线,收笔于眉形下框线;眉腰过渡部的辅助线条与主线条错落排列,加强过渡效果。

(三)过程分解

(1)画眉形的基础线条:用多色圆珠笔的浅色画好眉形,用自动铅笔填充好主线条。
(2)画辅助线条:
①眉头部位:在眉肚弧线上方起笔,收笔于眉形上框线。上方线错落穿插。
②眉腰部位:起笔于眉肚上方线,与主线条错落穿插。
③眉尾部分:起笔于眉尾部上框线,止于眉形下框线。

三、注意事项

若辅助线条未在主线条空隙的正中穿插或者未能与主线条平行,则会使内部线条视觉上杂乱无章,失去美感。

我 的 作 品

技能实训效果评价

实训项目名称		辅助线条的穿插排列技法训练		
班级		姓名		学号	
序号	评分标准		评分权重	得分
1	眉形整体长度、宽度符合中国女性眉毛的平均长度与平均宽度		10 分	
2	眉形定点准确		10 分	
3	辅助线条流畅		10 分	
4	辅助线条弧线与直线衔接自然流畅		15 分	
5	左、右眉形对称		15 分	
6	辅助线条绘画灵动自然，美感较强		20 分	
7	辅助线条形态和谐，生动自然		20 分	
总分			100 分	
教师评语				
改进意见				

实训 2.6 绒毛线的穿插排列技法

实训目标

1. 掌握绒毛线的穿插排列技法。
2. 具备在绘图纸上进行绒毛线的穿插排列绘图的技能。
3. 养成严谨认真、精益求精的服务意识。

视频:实训 2.6
绒毛线的穿
插排列技法

一、实训用品准备

素描本、直尺、自动铅笔(0.5 mm)、自动铅笔芯、橡皮、多色圆珠笔等。

二、实训方法及步骤

(一)认识眉形各部位名称

眉形各部位名称如图 7-2-7 所示。眉形最内侧点为眉头点,最外侧点为眉尖点,眉形上弧线最高点为眉峰点,下弧线最低点为眉肚点,眉峰点正对的眉形下弧线点即眉形下弧线最高点,为眉心点。眉头点至眉峰点的连线为眉坡线,眉头点至眉肚点的弧线为眉肚弧线,眉峰点至眉尖点的弧线为眉尾上弧线,眉肚点至眉心点的连线为眉腰线,眉心点至眉尖点的弧线为眉尾下弧线。

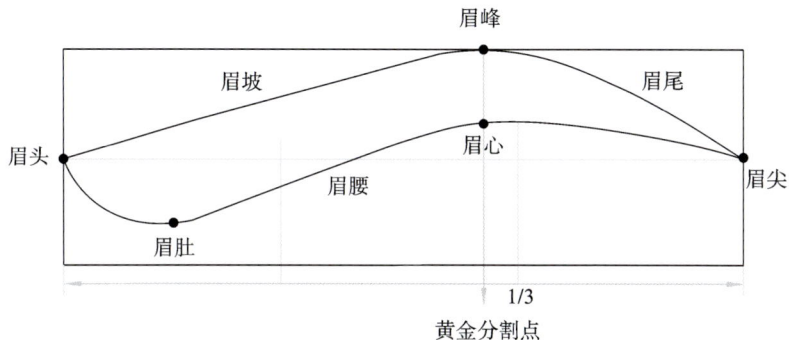

图 7-2-7 眉形各部位名称

(二)绒毛线线条的排列规律

绒毛线线条是模仿眉毛中小绒毛生长状态的短线条,在主线条与辅助线条画好之后,穿插在留白处。绒毛线线条除可以填充留白处外,还可以表现出眉毛上虚下实、前虚后实的效果。

(三)过程分解

(1)画眉形及线条:用多色圆珠笔的浅色画好眉形,用自动铅笔填充好主线条和辅助线条。

(2)穿插绒毛线线条:观察留白处,在留白处穿插短的小弧线。眉毛内绒毛线线条着力轻、色泽浅、长度短,可以与主线条及辅助线条平行,也可以搭在主线条及辅助线条上成"人"字形,但不可以形成十字交叉状。

三、注意事项

(1)眉头及眉上部绒毛线线条不能穿插过密:若初学者将绒毛线线条在整个眉部均匀分布,眉头和眉上部穿插过密,则不能呈现眉毛上虚下实、前虚后实的层次感。

(2)不能出现十字交叉:绒毛线线条与其他线条出现十字交叉,在实际操作中会引起交叉点的皮肤伤口过深而引起出血及晕色现象。

Note

我 的 作 品

技能实训效果评价

实训项目名称		绒毛线的穿插排列技法训练		
班级		姓名		学号
序号	评分标准		评分权重	得分
1	眉形整体长度、宽度符合中国女性眉毛的平均长度与平均宽度		10 分	
2	眉形定点准确		10 分	
3	绒毛线线条流畅		10 分	
4	绒毛线弧线与直线衔接自然流畅		15 分	
5	左、右眉形对称		15 分	
6	绒毛线绘画灵动自然，美感较强		20 分	
7	绒毛线形态和谐，生动自然		20 分	
总分			100 分	

教师评语	
改进意见	

实训 3　文饰仪文饰眉部线条绘画实训

实训 3.1　基础线条的绘画技法

实训目标

1. 掌握基础线条的绘画技法。
2. 具备在绘图纸上进行基础线条绘图的技能。
3. 养成严谨认真、精益求精的服务意识。

一、实训用品准备

素描本、自动铅笔(0.5 mm)、自动铅笔芯、橡皮、多色圆珠笔等。

二、实训方法及步骤

(一) 线条练习常见的五种手法

线条练习常见的五种手法为直线、弧线、轻—重—轻直线、小弧线、小弧线穿插手法。

握笔方式:可以根据练习者自己的习惯握笔,但是笔尖必须削成平口。

在以后的实际操作中也一定要将眉笔笔尖削成平口,对于画眉而言,平口笔尖更容易进行操作。

(1) 直线:练习者练习直线手法时一整条直线不能有接头,必须体现整条直线的连贯性,从左到右画一条直线。直线的练习有助于练习者画出边框清晰、线条干净的标准眉形。

(2) 弧线:弧线练习是画标准眉形的基础练习,需手腕活动,手指和笔不动,用手腕的力量操作。

(3) 轻—重—轻直线:观察眉毛的生长情况,每一根眉毛都是两边细中间粗。通过练习,练习者可增强对线条的把握度。练习时笔握直,下笔轻,慢慢加重力度,抬笔轻。

(4) 小弧线:笔握直,下笔轻,慢慢加重力度并转笔(或者手腕),抬笔轻。

(5) 小弧线穿插:练习小弧线穿插手法的目的是为排线打基础,循序渐进,把握穿插感觉。其画法和画小弧线的方法一样,穿插时将线条从两条线中间往外添。

(二) 基础线条的绘画步骤

线条眉文饰是当今顶级的文饰技术。能帮顾客定制独一无二的仿真线条眉,是文饰技师的核心竞争力。

(1) 眉头:画线条时要注意轻—重—轻,尖—宽—尖,单根线条画法掌握后就开始练习眉形组合。从眉头线条开始练习,眉头是灵魂,一定要刻苦练习。

第 1 根主线条在眉头中间起笔,接上不接下,第 2、3 根主线条接上、下框线,第 4～8 根主线条往后倒,每两根线条之间的空隙为一根线条的距离。

在眉头线条的基础上往每根线中间加单线条,比主线条略高出一些,长度适当。

(2) 眉身:眉身线条绘画步骤如下。

①线条往后抛,中间留一定空隙。

②中间穿插线条:在两根线条之间往下画一条箭头似的线条,切记不能交叉。

③在①②的基础上,以往后抛的方式画一条线。

④在①②③的基础上,以往后抛的方式在中间过渡穿插单根线条。

(3) 眉尾:

①眉尾线条从眉峰位置开始往后抛,成上窄下宽的形状。

②在①的基础上,往两根线条之间添加副线即可。

在上面线条排列步骤的基础上,再来学习如何在练习皮上画好线条眉。

我 的 作 品

技能实训效果评价

实训项目名称		基础线条的绘画技法训练		
班级		姓名		学号
序号	评分标准		评分权重	得分
1	眉形整体长度、宽度符合中国女性眉毛的平均长度与平均宽度		10 分	
2	基础线条排列定点准确		10 分	
3	线条流畅		10 分	
4	弧线与直线衔接自然流畅		15 分	
5	左、右基础线条对称		15 分	
6	眉尾线条绘画灵动自然,美感较强		20 分	
7	眉尾线条排列和谐,生动自然		20 分	
总分			100 分	

教师评语	
改进意见	

实训 3.2 整体线条的排列技法

实训目标

1. 掌握整体线条的排列技法。

2. 具备在绘图纸上进行整体线条排列绘图的技能。

3. 养成严谨认真、精益求精的服务意识。

一、实训用品准备

素描本、自动铅笔(0.5 mm)、自动铅笔芯、橡皮、多色圆珠笔等。

二、实训方法及步骤

(一) 练习画眉形

(1) 眉头弧线要平行:眉头由 5 根线条组成,设计时忌方偏圆,每根线条之间要基本平行。

(2) 眉尾线条要分明:眉尾由 6 根线条组成,根根清晰分明,眉尖收尾要洒脱利落。

(3) 上下穿插成"品"字形:这里的"上下穿插"指的是在眉头的 5 根线条之间穿插,穿插进来的线条要与眉头的 5 根线条有交错感,每相邻的 3 根线条之间成"品"字形结构,显得错落有致。

(4) 渐平渐下向心行:在连接眉头到眉心的部位,以在眉头穿插的最后一根线条为依据,慢慢画出一根比一根平缓的相对平行向下的弧线,直到眉心点。

(5) 眉心向上缓递增:这是整个眉形设计之中最重要的环节,由眉心最底部的一根线条开始向上递增绘图,眉坡忌陡宜缓。

(6) 根根眉毛无交叉:在填充整个眉毛留白的缝隙时,要注意眉毛线条之间不重合交叉,更显得整个眉形干净利落。

(二) 线条排列步骤

(1) 练习眉形。很多初学者对眉形没有概念,画眉形就是巩固自己对眉形的认识。

①眉形的结构:不要小看一对小小的眉形,很多人刚开始就是画不好,但只要勤加练习,先从虚线开始,由虚到实,慢慢掌握,后面就会越画越好。

②单根线条画法掌握之后,可开始练习眉形组合。从眉头开始练习(口诀:一根短,两根长,三根连接上下框,四五六七向后倒)。眉头是灵魂,一定要刻苦练习。

③从上框线到眉尾,线条都是带弧度的柔线条。完成这一步,整个眉形轮廓就完成了,然后就是填补空白。

④填补空白,两根线条中间加一根,称为"眉腰搭桥"。

⑤搭桥完成后,画辅助线条,慢慢完成整个眉毛的线条练习。

(2) 完成整个眉形的基本分解步骤。只要勤加练习,每天 30 对眉形,从纸上到练习皮上,再到真人实操,一般两周可掌握。

我 的 作 品

技能实训效果评价

实训项目名称		整体线条的排列技法训练		
班级		姓名		学号
序号	评分标准		评分权重	得分
1	眉形的整体长度、宽度符合中国女性眉毛的平均长度与平均宽度		10分	
2	整体线条排列定点准确		10分	
3	线条流畅		10分	
4	弧线与直线衔接自然流畅		15分	
5	左、右眉毛整体线条对称		15分	
6	眉尾线条绘画灵动自然,美感较强		20分	
7	眉尾线条排列和谐,生动自然		20分	
总分			100分	

教师评语	
改进意见	

实训 4　眉部线条文饰技法实训

实训 4.1　医学美容文饰技术划刺技法训练

实训目标

1. 掌握手工文饰笔在文饰练习皮上的线条划刺技法。
2. 掌握电动文饰仪在文饰练习皮上的线条划刺技法。
3. 养成严谨认真、精益求精的工匠精神。

一、实训用品准备

文饰练习皮(平面),手工文饰笔(十字口),文饰排针(斜口,排 12 针或排 14 针),电动文饰仪,半永久全抛式一体针(半壁,U 型),手工文饰线条眉色膏(深咖色),文饰仪文饰线条眉色乳(深咖色),色料戒指杯,文饰用品架,文饰指套或手套,脱脂棉,文饰练习皮擦拭油(或橄榄油)等。

二、实训方法及步骤

(一) 手工文饰笔在文饰练习皮上的线条划刺技法训练

(1) 安装排针:打开文饰排针的包装,取出针片,将手工文饰笔的螺纹旋口松开,将针片的针柄卡入十字口,使针片与手工笔成斜角,长针一侧向外,针片的角度及露出的长度视使用者习惯而定,调整好后将螺纹旋口旋紧,将针片固定于手工文饰笔上(图 7-4-1)。

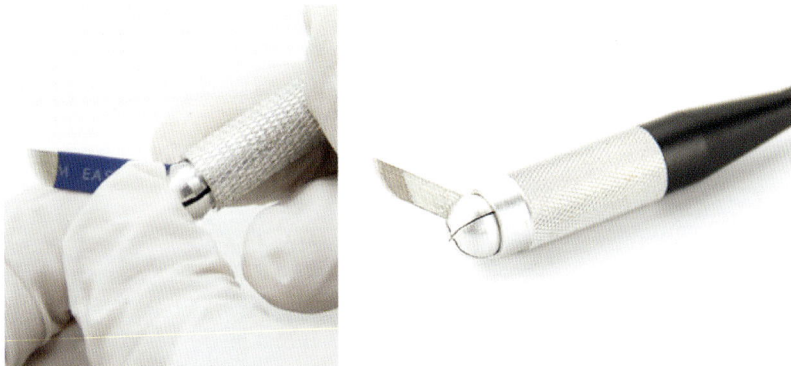

图 7-4-1　文饰排针针片的固定

(2)准备文饰练习皮及色膏:将文饰练习皮平放于桌面,取少量手工文饰线条眉色膏放于色料戒指杯中(图 7-4-2)。

(3)划刺:戴好文饰指套或手套,端坐于桌前,将色料戒指杯戴在左手食指或中指上,左手固定文饰练习皮,右手拇指、食指和中指持手工文饰笔,排针针片垂直于皮面,短针在前,长针在后,以腕关节的运动带动排针针尖,以"轻—重—轻"的用力节奏,在文饰练习皮上划刺弧线(图 7-4-3)。

(4)观察:用脱脂棉蘸取文饰练习皮擦拭油轻轻擦去浮色,观察效果(图 7-4-4)。

Note

图 7-4-2　蘸取色膏

图 7-4-3　手工文饰笔的划刺

图 7-4-4　手工文饰笔的划刺效果

（二）电动文饰仪在文饰练习皮上的线条划刺技法训练

（1）检查电动文饰仪：接通电动文饰仪电源，打开开关，检查电动文饰仪运转正常后关闭开关。

（2）安装文饰针：打开半永久全抛式一体针包装，取出文饰针，固定于电动文饰仪螺口处，确保固定牢靠（图 7-4-5）。

（3）调节出针长度：打开电动文饰仪开关，调节出针旋钮，调整出针长度在 1 mm 左右；关闭开关，将电动文饰仪放置于文饰用品架上。

（4）准备文饰练习皮及色乳：将文饰练习皮平放于桌面，取适量文饰仪文饰线条眉

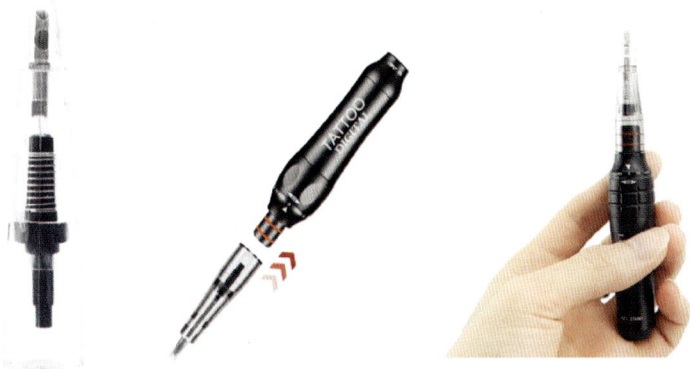

图 7-4-5 半永久全抛式一体针安装

色乳放于色料戒指杯中(图 7-4-6)。

图 7-4-6 取适量色乳放于色料戒指杯中

(5)划刺:戴好文饰指套或手套,端坐于桌前,将色料戒指杯戴在左手食指或中指上,右手拇指、食指和中指持电动文饰仪,文饰针有壁一侧朝向手心,无壁一侧朝向拇指(图7-4-7)。打开电动文饰仪开关,左手固定文饰练习皮,用文饰针针尖吸取少量色乳,文饰针垂直于皮面,有壁一侧紧贴练习皮,以腕关节的运动带动文饰针针尖,以"轻—重—轻"的用力节奏,在文饰练习皮上划刺弧线(图7-4-8)。

(6)观察:用脱脂棉蘸取文饰练习皮擦拭油轻轻擦去浮色,观察效果(图7-4-9)。

三、技法要点

(1)针片、针尖与文饰练习皮皮面保持垂直。

(2)划刺用力以"轻—重—轻"节奏匀速进行,使线条呈现"细—粗—细"的均匀过渡弧形。

(3)入针深度在 1 mm 左右,过深会使皮损加深,过浅则不易留色。

(4)用电动文饰仪进行划刺技法训练时,用拇指、食指和中指控制好电动文饰仪的震动,确保运针平稳。

Note

图 7-4-7　电动文饰仪的握持

图 7-4-8　电动文饰仪的划刺

图 7-4-9　电动文饰仪的划刺效果

作品欣赏及临摹

技能实训效果评价

实训项目名称		医学美容文饰技术划刺技法训练	
班级		姓名	学号
序号	评分标准	评分权重	得分
1	文饰排针、半永久全抛式一体针安装正确	10 分	
2	文饰练习皮、色膏、色乳准备方法正确	10 分	
3	手工文饰笔持握方法正确	10 分	
4	电动文饰仪使用方法正确	10 分	
5	电动文饰仪握持方法正确	10 分	
6	入针深度在 1 mm 左右	10 分	
7	划刺用力以"轻—重—轻"节奏匀速进行,线条呈现"细—粗—细"的均匀过渡弧形	20 分	
8	线条划刺效果流畅、美观	20 分	
总分		100 分	

教师评语	
改进意见	

实训 4.2　眉部线条手工文饰笔文饰技术在文饰练习皮上的训练

实训目标

1. 掌握眉部线条手工文饰笔文饰技术在文饰练习皮上的操作技法。
2. 具备在文饰练习皮上用手工文饰笔进行线条眉文饰的技能。
3. 养成严谨认真、精益求精的工匠精神。

一、实训用品准备

文饰练习皮（平面）、手工文饰笔（十字口）、飘眉排针、线条眉文饰色膏（深咖色）、色料戒指杯、文饰用品架、脱脂棉、文饰练习皮擦拭油（或橄榄油）、直尺、自动铅笔、橡皮等。

二、实训方法及步骤

（一）眉形及主线条设计

在文饰练习皮上用自动铅笔画好想要的眉形，描画好聚拢线及主线条，对眉部线条排列掌握熟练者也可不画主线条（图 7-4-10）。

图 7-4-10　眉形及主线条设计

（二）手工文饰笔准备

将文饰排针针片固定于手工文饰笔上，再放置于文饰用品架上。

（三）线条划刺

（1）取适量色膏放于色料戒指杯中，戴好指套或手套，将色料戒指杯戴在左手食指或中指上。

（2）右手持手工文饰笔，用排针针尖蘸取少量色膏。

（3）端坐于桌前，左手压住文饰练习皮防止其滑动，同时左手食指、中指压在眉形上下（不可接触眉形框线），模拟在皮肤上的正确压指绷撑动作。右手执笔，针片与文饰练习皮皮面垂直，利用手腕上下摆动，针片弧面的短侧起笔，继而向前，按照"轻—重—轻"的着力节奏划出弧形线条，入针深度在 1 mm 左右。文饰练习皮可以随时旋转角度，以适应操作的需要（图 7-4-11）。

（4）按照眉部文饰线条排列的要求，用手工文饰笔完成主线条与辅助线条的文饰。

（5）用脱脂棉蘸取文饰练习皮擦拭油（或橄榄油）擦去浮色。

（6）观察线条，在未能留色处进行补充操作。

（7）在留白处文饰绒毛线线条。

（8）用脱脂棉蘸取文饰练习皮擦拭油（或橄榄油）擦去浮色。

（9）观察文饰效果，进行补充与修正，完成作品（图 7-4-12）。

三、技法要点

（1）针片与皮面保持垂直，否则留色后线条会加粗。

视频:实训 4.2 眉部线条手工文饰笔文饰技术在文饰练习皮上的训练

视频:眉部线条电动文饰仪文饰技术在练习皮上的训练

Note

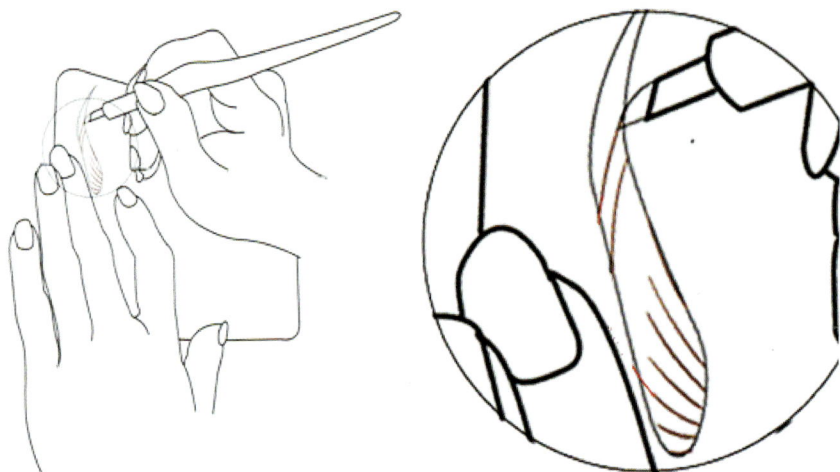

图 7-4-11　眉部线条在文饰练习皮上的文饰技法

图 7-4-12　手工文饰笔在文饰练习皮上文饰线条眉效果

（2）进针深度保持在 1 mm 左右，模拟针片在面部皮肤上的进针深度。

（3）初学者不易掌握好力度，在进行"轻—重—轻"的线条文饰中，线条两端容易出现不留色的现象，要注意补色。

（4）主线条与辅助线条文饰入针要略深，留色略实，绒毛线线条入针要略浅，留色略虚，体现层次感。

作品欣赏及临摹

技能实训效果评价

实训项目名称	眉部线条手工文饰笔文饰技术在文饰练习皮上的训练		
班级		姓名	学号

序号	评分标准	评分权重	得分
1	文饰练习皮、色膏准备方法正确	10 分	
2	文饰排针在手工文饰笔上的安装正确	10 分	
3	单根线条呈现"细—粗—细"的均匀过渡弧形	10 分	
4	线条排列自然、美观	10 分	
5	入针深度在 1 mm 左右	10 分	
6	留色恰当	15 分	
7	整体效果前虚后实、上虚下实,层次感强	15 分	
8	整体效果生动、美观	20 分	
总分		100 分	

教师评语	
改进意见	

实训 5　雾妆眉技法

实训 5.1　雾妆眉素描技法

视频:实训 5.1
雾妆眉素描
技法

实训目标

1. 了解雾妆眉的特点。
2. 具备在绘图纸上进行雾妆眉素描的技能。
3. 养成持之以恒、刻苦钻研的绘画精神。

一、实训用品准备

素描本、直尺、自动铅笔、自动铅笔芯(0.5 mm)、橡皮、绘图铅笔(HB、2B)、素描纸擦笔等。

二、实训方法及步骤

(一) 雾妆眉的特点

雾妆眉有粉雾眉、粉黛眉等多种名称,它以点刺的手法将半永久色乳植入真皮浅层,形成点状着色,随着色乳在皮肤内的晕散,形成眉粉化妆的效果,似雾笼罩在原生眉毛上,时尚又自然,故称为雾妆眉。

雾妆眉具有浅淡自然、虚实渐变的特点(图 7-5-1)。

图 7-5-1　雾妆眉效果

雾妆眉虚实渐变的规则如图 7-5-2 所示。

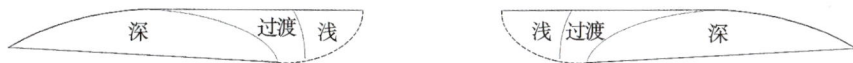

图 7-5-2　雾妆眉着色渐变规则

(二) 雾妆眉的常用绘图技法

1. 雾妆眉点刺绘图技法

(1) 定眉形:用自动铅笔点好眉形边框(图 7-5-3)。

(2) 打底色:自动铅笔垂直点画着色点,均匀铺满整个眉形,眉头稀疏(图 7-5-4)。

Note

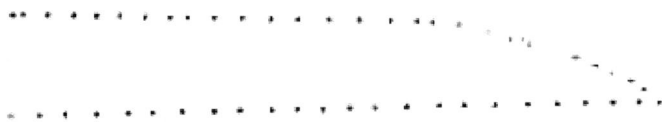

图 7-5-3 定眉形

图 7-5-4 打底色

(3)做渐变:依据雾妆眉渐变规则,将着色点加深加密,过渡到边缘和眉头,做到前虚后实、上虚下实(图 7-5-5)。

图 7-5-5 做渐变

(4)检查效果:边做边观察形态,及时调整,使眉毛过渡自然,层次感强(图 7-5-6)。

图 7-5-6 检查效果

2. 雾妆眉排线绘图技法

(1) 平行排线画眉法的绘画步骤如下。

①画出一字眉眉形边框(图 7-5-7)。

图 7-5-7 画眉形

②第一层排线:将绘图铅笔削尖,以画平行长线条的方法排列线条(图 7-5-8)。

图 7-5-8 第一层排线

③第一层排线颜色填满眉框后开始画第二层排线,眉尾开始加深颜色(图 7-5-9)。

④第三层排线:着重加深眉腰与眉尾的颜色(图 7-5-10)。

⑤眉头排线:用比较柔和的线条画出眉头,如果眉头颜色画得太重可以用素描纸擦笔修正一下(图 7-5-11)。

⑥过渡好眉头与眉腰之间的颜色(图 7-5-12)。

图 7-5-9　第二层排线

图 7-5-10　第三层排线

图 7-5-11　眉头排线

图 7-5-12　过渡

⑦去除眉头边框后的效果如图 7-5-13 所示。

图 7-5-13　效果

(2)斜线画眉法(欧式眉)的绘画步骤如下。

①画出欧式眉边框(图 7-5-14)。

图 7-5-14　画眉形

②第一层排线:用绘图铅笔或者彩铅,画圆弧放射状斜线至眉上框线和眉头(图 7-5-15)。

③第二层排线:在画好的第一层排线里面填线条,逐渐平铺加密(图 7-5-16)。

④第三层排线:眉腰、眉尖处逐渐加深,眉头淡淡过渡,塑造深浅明暗的效果,眉头笔触要轻,整体要有轻重渐变的效果(图 7-5-17)。

⑤第四层排线:加深眉峰、眉尾的颜色,注意眉毛"上轻下重,前轻后重",上眉峰颜色要淡一些,不能比下眉峰颜色深(图 7-5-18)。

⑥去除边框后的效果如图 7-5-19 所示。

Note

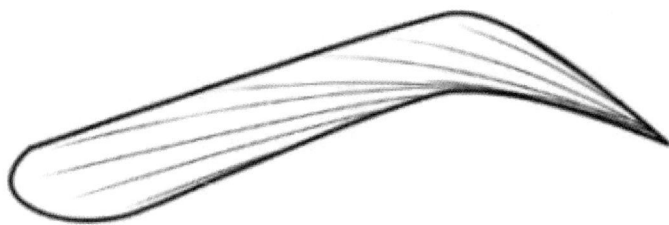

图 7-5-15　第一层排线

图 7-5-16　第二层排线

图 7-5-17　第三层排线

图 7-5-18　第四层排线

图 7-5-19　效果

(3)平涂画眉法(标准眉)的绘画步骤如下。

①画出标准眉眉形边框(图 7-5-20)。

②第一层排法：平涂画眉时要拿捏好轻重,采用轻—重—轻的手法,线条略带弧度,

图 7-5-20　画眉形

不要有顿点,深浅度要一致,下笔力度均匀。多练习便能很好掌握,关键是下笔的力度要均匀(图 7-5-21)。

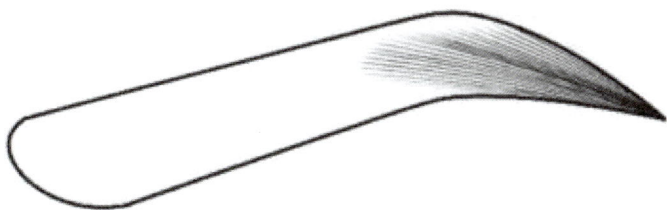

图 7-5-21　第一层排线

③第二层排线:第一遍平涂完成后,再平涂第二遍,整体眉毛颜色加深(图 7-5-22)。

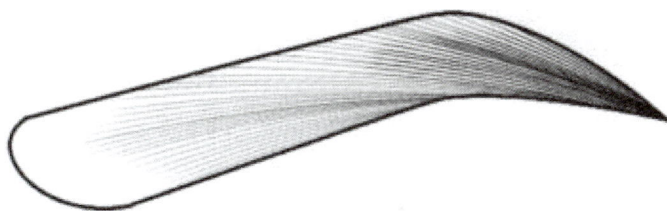

图 7-5-22　第二层排线

④第三层排线:开始加深眉峰至眉尾处的颜色(图 7-5-23)。

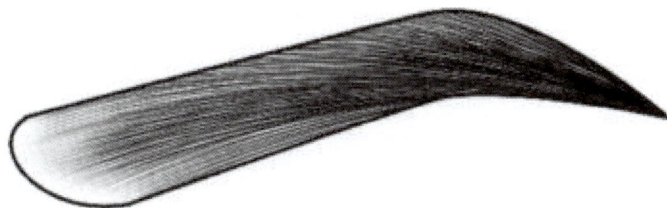

图 7-5-23　第三层排线

⑤第四层排线:加深眉峰、眉尾的颜色,注意眉毛"上轻下重,前轻后重",上眉峰颜色要淡一些,不能比下眉峰颜色深(图 7-5-24)。

⑥第五层排线:眉头笔触要轻,加深眉腰和眉尖的颜色,整体要有轻重渐变的效果(图 7-5-25)。

⑦去除边框后的效果如图 7-5-26 所示。

三、技法要点

(1)雾妆眉点刺绘图过程中笔尖要与纸面垂直。

Note

图 7-5-24　第四层排线

图 7-5-25　第五层排线

图 7-5-26　效果

（2）雾妆眉排线绘图技法中线条要流畅，下笔力度要均匀。

（3）眉毛颜色要虚实渐变，边缘清晰流畅。

我的作品 1

我的作品 2

我的作品 3

我的作品 4

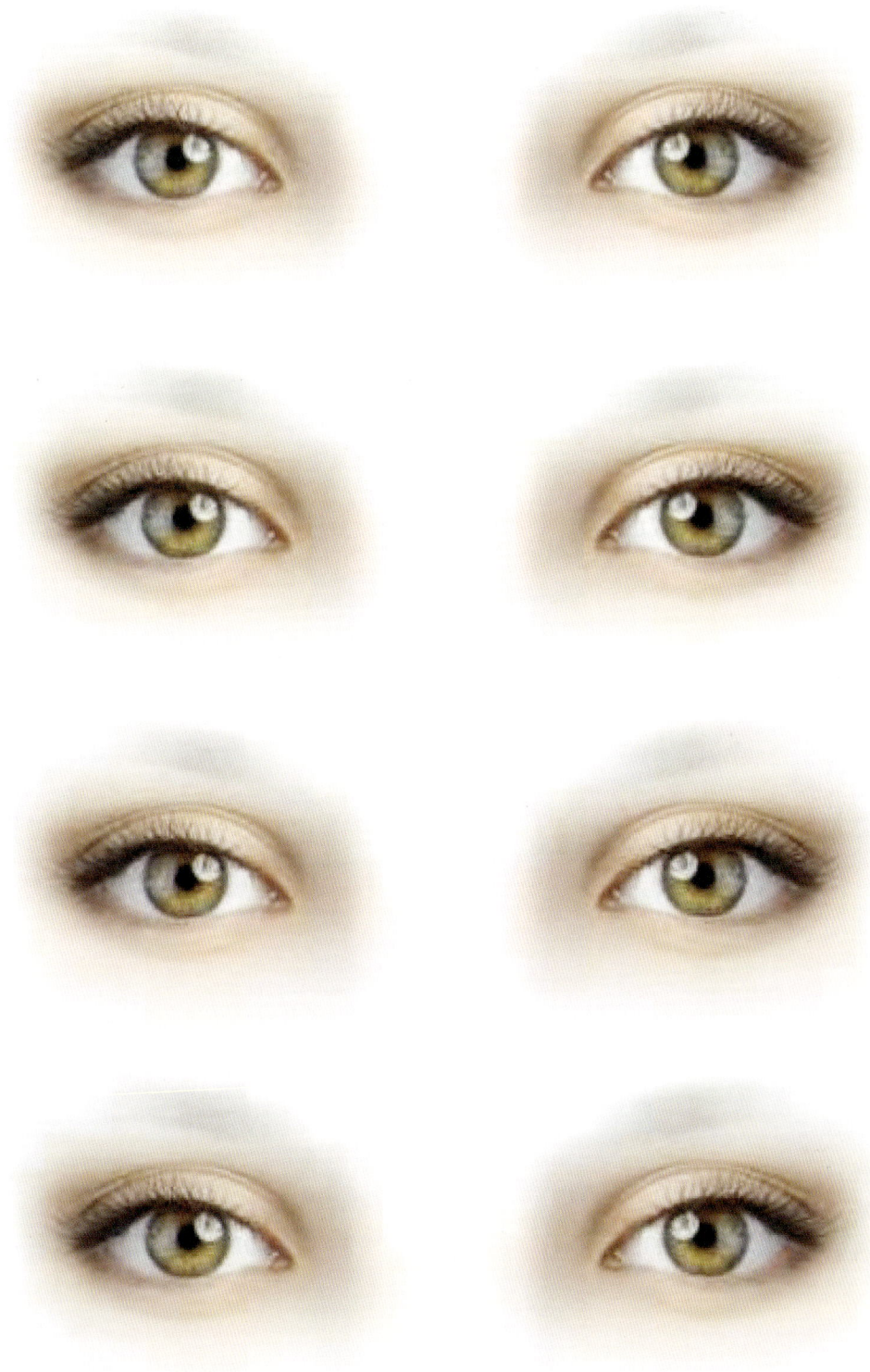

我的作品 5

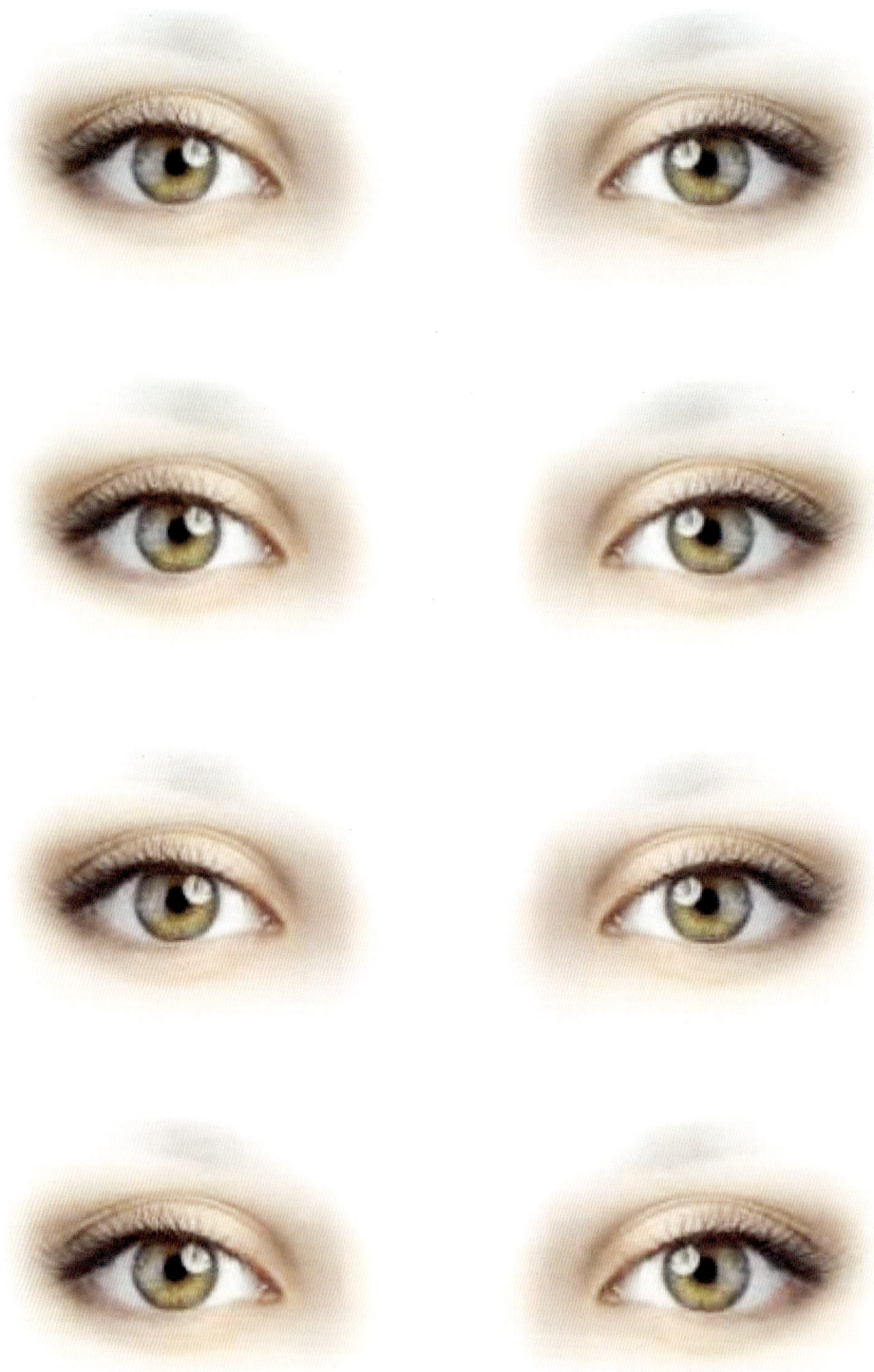

我的作品 6

技能实训效果评价

实训项目名称		雾妆眉素描技法训练		
班级		姓名	学号	
序号	评分标准		评分权重	得分
1	眉形符合标准,左、右眉形对称		10 分	
2	眉形内填色无缺漏		10 分	
3	线条排列立体,衔接流畅		10 分	
4	眉头有色无形,逐渐消失		15 分	
5	眉毛边缘清晰,干净细腻		15 分	
6	雾妆眉颜色渐变自然,有层次		20 分	
7	眉毛整体效果精致,有美感		20 分	
总分			100 分	
教师评语				
改进意见				

Note

实训5.2　眉部手工点雾技术在文饰练习皮上的训练

实训目标

1. 掌握眉部手工点雾技术。
2. 具备在文饰练习皮上进行手工点雾的技能。
3. 养成严谨认真、精益求精的工匠精神。

一、实训用品准备

文饰练习皮(平面)、手工文饰点雾笔(圆口)、点刺针(圆3)、文眉色料(膏体、深咖色)、雾眉专用色料、色料戒指杯、色料小勺、手工笔架、脱脂棉、文饰练习皮擦拭油(或橄榄油)、直尺、铅笔、橡皮等。

二、实训方法及步骤

(一)手工文饰点雾笔及点刺针的固定方法

使用时,将手工文饰点雾笔的螺纹旋口松开,将点刺针的针柄垂直插入中间的圆孔,点刺针露出的长度视使用者习惯而定,调整好后将螺纹旋口旋紧,将点刺针固定于手工文饰点雾笔上。垂直握手工文饰点雾笔,使点刺针与文饰练习皮的皮面保持垂直。

(二)雾妆眉点刺技术在文饰练习皮上的训练方法

1. 物品准备

(1)将点刺针固定于手工文饰点雾笔上,再放置于手工笔架上(图7-5-27)。

图 7-5-27　点刺针的安装固定

(2)将适量雾眉专用色料置于色料戒指杯中。

2. 操作方法

(1)在文饰练习皮上用自动铅笔画好眉形。

(2)用点刺针蘸取雾眉专用色料,在眉形范围内垂直于文饰练习皮皮面进行点刺,做第一层点刺平铺,布点均匀稀疏,点刺深度为1 mm左右(图7-5-28)。

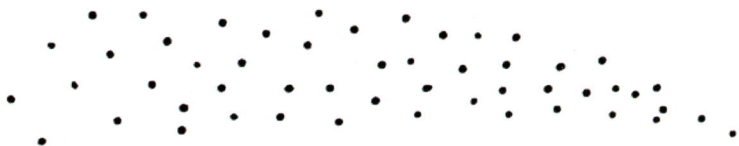

图 7-5-28　第一层点刺平铺

（3）用脱脂棉蘸取文饰练习皮擦拭油（或橄榄油）擦去浮色，在第一层点刺平铺的基础上完成第二层点刺平铺，布点均匀，眉头稀疏，点刺深度为 1 mm 左右（图 7-5-29）。

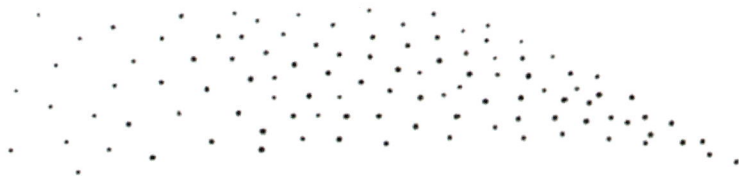

图 7-5-29　第二层点刺平铺

（4）用脱脂棉蘸取文饰练习皮擦拭油（或橄榄油）擦去浮色，在第二层点刺平铺的基础上完成第三层点刺平铺，布点均匀，眉头稀疏，点刺深度为 1 mm 左右（图 7-5-30）。

图 7-5-30　第三层点刺平铺

（5）用脱脂棉蘸取文饰练习皮擦拭油（或橄榄油）擦去浮色，在第三层点刺平铺的基础上完成第四层点刺平铺，布点均匀，眉头稀疏，点刺深度为 1 mm 左右（图 7-5-31）。

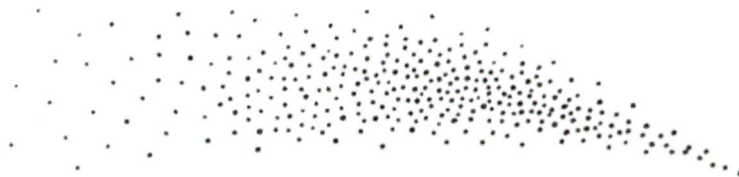

图 7-5-31　第四层点刺平铺

（6）用脱脂棉蘸取文饰练习皮擦拭油（或橄榄油）擦去浮色，在第四层点刺平铺的基础上进行调整与修改，使点刺的布点符合雾妆眉的层次渐变规律（图 7-5-32）。

（7）用脱脂棉蘸取文饰练习皮擦拭油（或橄榄油）擦去浮色，观察效果，做细微调整，完成作品（图 7-5-33）。

三、技法要点

（1）手工点雾时一般用雾眉专用色料，练习时也可以使用液体色料，推荐使用咖啡色，雾眉专用色料的颜色要比线条眉色料的颜色浅。

（2）点刺针点刺时与文饰练习皮皮面保持垂直，进针深度 1 mm 左右。

（3）手工点雾会出现不易留色现象，可反复多次操作。

Note

(a)

(b)

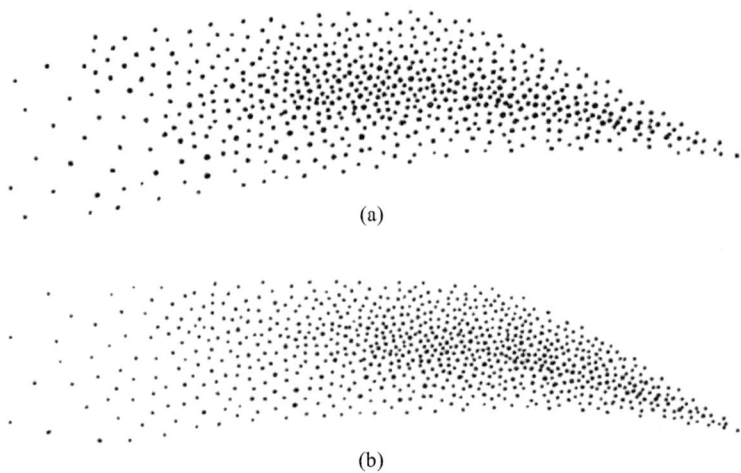

图 7-5-32　第一次与第二次调整与修改

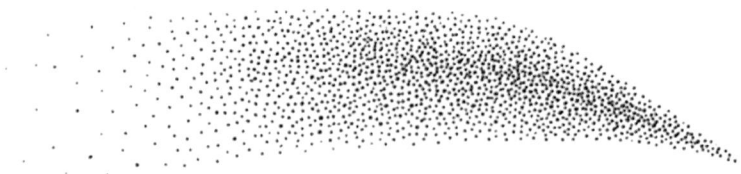

图 7-5-33　效果

（4）要以眉毛的层次感和立体感美学为依据，以点刺布点不同的密度来体现美学特点。

作品赏析及临摹

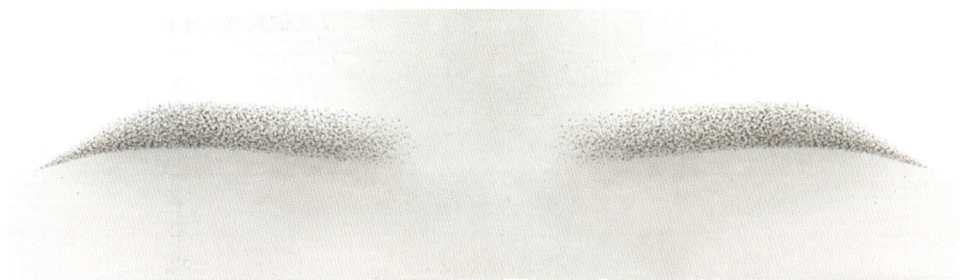

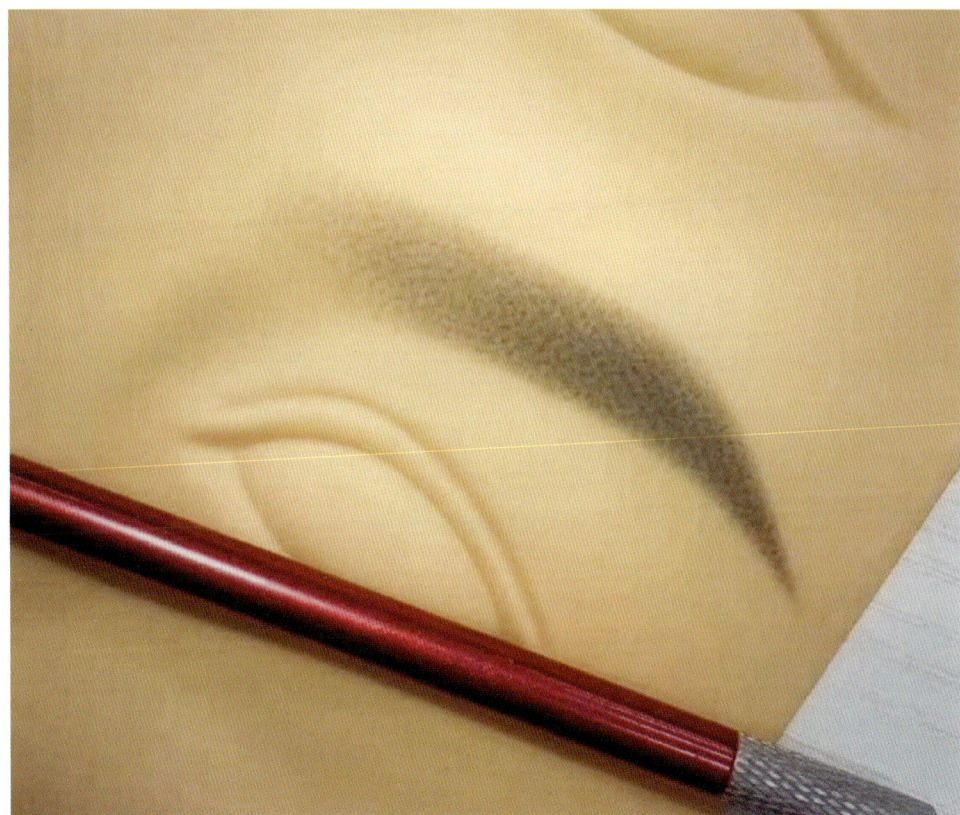

技能实训效果评价

实训项目名称		眉部手工点雾技术在文饰练习皮上的训练	
班级	姓名	学号	
序号	评分标准	评分权重	得分
1	准备用品齐全,摆放方便整齐	10 分	
2	正确固定手工文饰点雾笔及点刺针	10 分	
3	点刺针点刺时与文饰练习皮皮面保持垂直	10 分	
4	色料选择颜色合适	15 分	
5	眉形对称,左右一致	15 分	
6	眉毛上色效果好,留色时间长	20 分	
7	眉毛渐变自然,雾感通透	20 分	
总分		100 分	
教师评语			
改进意见			

🖋 思政学堂

工匠精神

社会发展与科技进步都离不开"敬业、精益、专注、创新"的工匠精神。

全面开展质量提升行动,推进与国际先进水平对标达标,弘扬工匠精神,来一场中国制造的品质革命。没有工匠精神,中国制造就缺少超越的内在动力,中国精造更是无源之水,无本之木。弘扬社会主义核心价值观,让劳模精神、劳动精神、工匠精神成为时代主旋律是社会进展的呼唤。

第八章

眼部文饰技术项目分解训练

实训　美瞳线文饰技法

实训 1.1　认识美瞳线及文饰用具

实训目标

1. 掌握美瞳线的定义。
2. 熟悉美瞳线的文饰用具。
3. 了解美瞳线和眼线的区别。

视频：实训 1.1 认识美瞳线及文饰用具

一、美瞳线的概念

美瞳线是半永久文眼线的一种。文饰技师利用数字仪器在睫毛之间与结膜内侧添加点刺，并将色料沿睫毛根刺入皮内，针头进针深度和速度都由数字仪器所控制，精确度高，皮肤损伤小，从而达到理想的眼部修饰效果，十分逼真（图 8-1-1）。

图 8-1-1　美瞳线效果展示图

二、美瞳线的作用

（1）美瞳线能够增强眼神，视觉上可以放大瞳孔，如同戴了美瞳。

（2）美瞳线是用半永久色料文饰在上眼睑睫毛根部留白处的内眼线，可以使睫毛在

Note

视觉上更加浓密,使睑裂的上轮廓更加清晰、醒目。

(3)美瞳线对眼睛起着重要的衬托作用,类似于画框对画面的作用。

(4)美瞳线不但可以使眼睛看上去立体深邃、明亮有神,还可以平衡、矫正眼形,在视觉上提升眼尾的弧度。

三、美瞳线与老式眼线的区别

(1)美瞳线采用的是半永久美瞳线色料,色料会在 2 年之内被人体皮肤代谢,不会出现涸色、变色现象,而老式眼线采用的是永久色料,后期会出现涸色、发蓝等现象,且终生难以褪色。

(2)美瞳线文饰的范围在上眼睑睫毛根部覆盖范围之内,不会晕色,而老式眼线的文饰范围超出了睫毛根部覆盖的眼睑睑缘,且文饰深度较深,后期容易出现晕色现象。

(3)美瞳线在调整眼形、增添神韵的同时似有似无,更自然、清新,与睫毛浑然一体,凸显眼睛的自然美。

(4)老式眼线的文饰范围比睫毛根部覆盖的眼睑睑缘范围更宽、更长,虽然可以明显调整眼形,但显生硬、刻意、老态,不符合现代人追求青春活力、自然天成的审美观。

四、美瞳线的位置及形态

(1)美瞳线的位置在上眼睑睫毛根部,其范围不超过睫毛根部覆盖的上眼睑睑缘(图 8-1-2)。

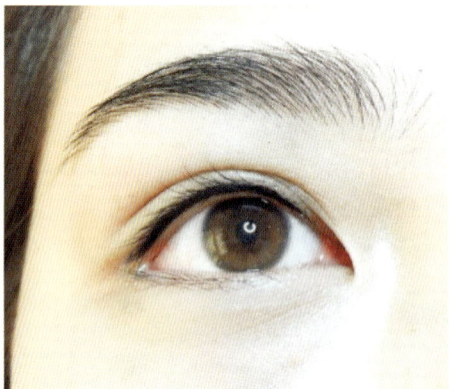

图 8-1-2　美瞳线的位置

(2)由于美瞳线与睫毛根部浑然一体,故能达到"睁眼有神,闭眼无痕"的修饰效果。

(3)美瞳线为一条贴合上眼睑睑缘的弧线,内眼角处为起始端,较纤细,逐渐增粗,在眼睑睑缘中外处最粗,继而变细,终止于最外侧一根睫毛根部。美瞳线的尾部也可根据个人喜好设计,稍微超出最外侧一根睫毛根部,尾端形成向外上翘的尖端,但不可拉出过长(图 8-1-3)。

五、美瞳线操作色料及练习用品

(1)美瞳线所用色料为美瞳线专用色料,多为液体色料或乳状色料。

(2)在硅胶练习皮上练习时可以用帝王黑色的液体色料(图 8-1-4)。

(3)美瞳线文饰一般使用电动文饰仪(图 8-1-5)。

(4)美瞳线的操作练习还可以在 3D 硅胶眉眼练习皮或立体硅胶头模及眉眼唇模块上进行(图 8-1-6)。

图 8-1-3 美瞳线操作前后对比图

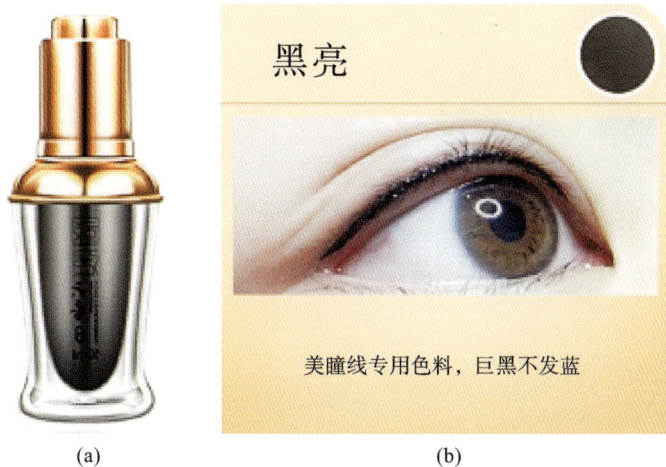

黑亮

美瞳线专用色料，巨黑不发蓝

(a)   (b)

图 8-1-4 美瞳线所用色料

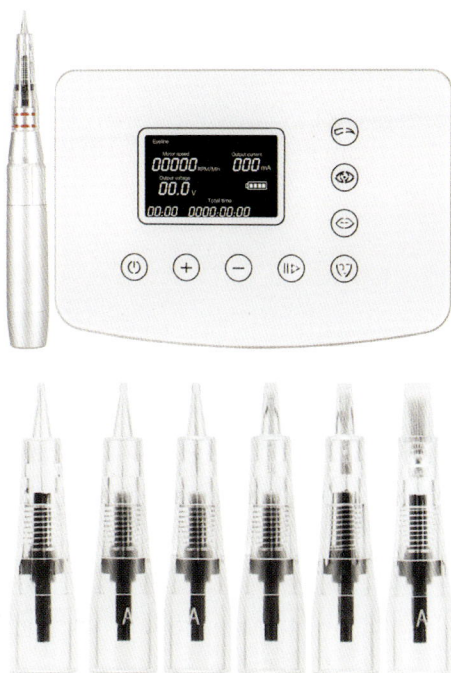

图 8-1-5 电动文饰仪

Note

图 8-1-6   3D 硅胶眉眼练习皮

实训 1.2　美瞳线设计绘图训练

实训目标

1. 掌握美瞳线的设计方法。
2. 具备在纸上进行美瞳线绘图的技能。
3. 养成认真细致、精益求精的工匠精神。

视频：实训 1.2
美瞳线设计
绘图训练

一、实训用品准备

素描本、直尺、自动铅笔(0.5 mm)、自动铅笔芯、橡皮等。

二、实训方法及步骤

(一)美睫线

(1)认识美睫线:美睫线从睫毛根部的眼尾处拉出,能拉长双眼,调整眼形,后期可以达到淡妆效果。既实用又不夸张,非常适合不会画眼线的人。操作区域虽小,效果却犹如画龙点睛,可以让睫毛看起来更加浓密修长,更加楚楚动人、妩媚可爱。

美睫线可以使睫毛浓密有神韵,从而瞬间放大双眼,达到睁眼有神、闭眼无痕的效果。一般很细、很自然,可以拉出一点小尾巴在视觉上拉长眼形(图 8-1-7)。标准美睫线的长度为从睫毛第一根到最后一根的长度,位置靠近球结膜,离眼球较近(图 8-1-8)。

图 8-1-7　人眼部的美睫线

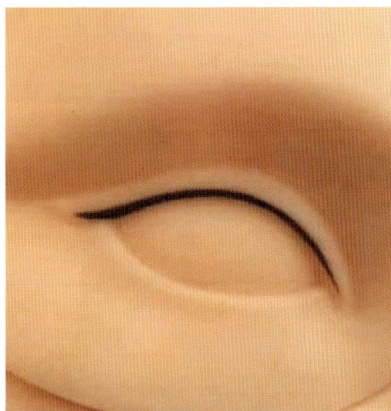

图 8-1-8　美睫线形态

(2)绘画步骤:美睫线的绘画步骤如下(图 8-1-9)。

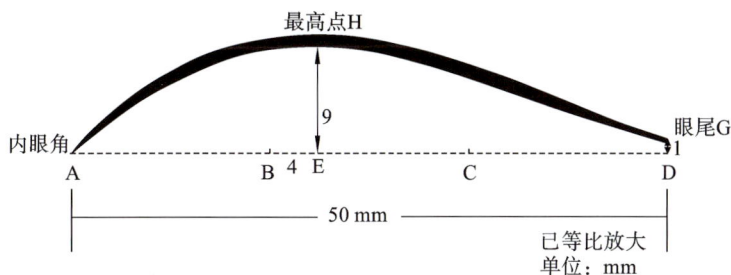

图 8-1-9　美睫线的绘画图示

①先画一条 5 cm 长的线段,平均分成 3 份,分别取 A、B、C、D 点,其中 A 点为内眼

Note

角点。

②在 B 点右侧 4 mm 处确认 E 点,E 点上方 9 mm 处确认 H 点。H 点就是美睫线的最高点。

③用圆滑弧线连接 A、H、G 点,美睫线完成。

(二)美瞳线

(1)认识美瞳线:美瞳线文饰是半永久化妆技术中基于文眼线又优于文眼线的一种文饰美容术。文饰技师利用仪器在睫毛之间与结膜内侧添加点刺,将睫毛根部和靠近根部的褐线以上部位填实,让瞳孔看起来变大,甚至不用戴美瞳就能使眼睛看起来水灵而有神(图 8-1-10)。美瞳线整体比美睫线稍粗,长度在眼尾处向外自然平拉 2 mm 左右。位置在睫毛根部靠上一点,美瞳线和眼球之间容易出现留白(图 8-1-11)。

图 8-1-10　人眼部的美瞳线

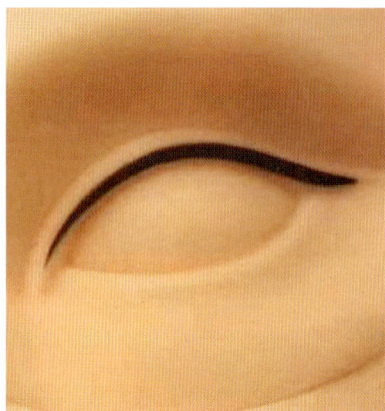

图 8-1-11　美瞳线形态

(2)绘画步骤:美瞳线的绘画步骤如下(图 8-1-12)。

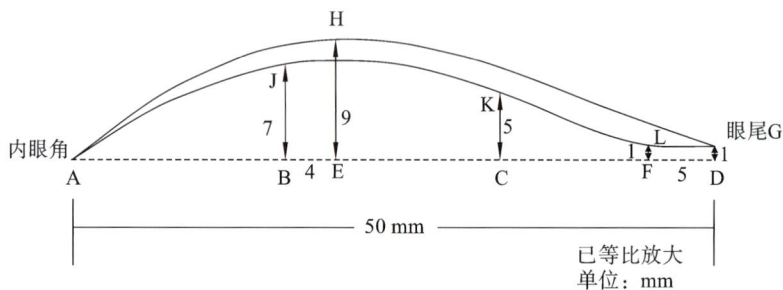

图 8-1-12　美瞳线的绘画图示

①先画一条 5 cm 长的线段,平均分成 3 份,分别取 A、B、C、D 点,其中 A 点为内眼角点。

②在 B 点上方 7 mm 处确认 J 点,在 C 点上方 5 mm 处确认 K 点,在 D 点上方 1 mm 处确认 G 点(眼尾),在 D 点左侧 5 mm 处确定 F 点,在 F 点上方 1 mm 处确认 L 点。

③在 B 点右侧 4 mm 处确认 E 点,在 E 点上方 9 mm 处确认 H 点。H 点是美瞳线的最高点。

④用圆滑弧线连接 A、J、K、L、G 点,组成美瞳线的下边线。

⑤用圆滑弧线连接 A、H、G 点,组成美瞳线的上边线。

⑥再按如下顺序逐渐填充,直至完全填满,美瞳线完成(图 8-1-13)。

a. 从最高点 H 点开始向眼尾填充(圆弧形)。

b. 从最高点 H 点往后 2/3 处画平行长方形(等宽)。

c. 从最高点 H 点向内眼角呈半弧形填充,由粗到细到尖。

d. 填充眼尾,先定型后定色(弧度要柔和圆润)。

e. 精修边缘,使边缘线光滑流畅,眼尾高于内眼角。

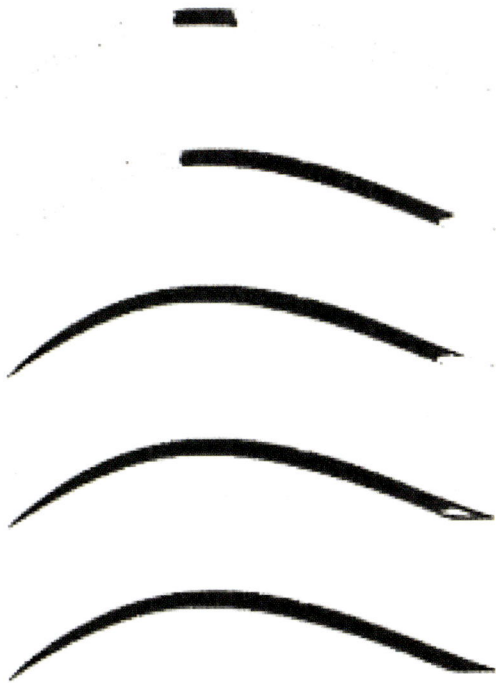

图 8-1-13　填充美瞳线步骤

三、技法要点

(一)美睫线

(1)本技法设定美睫线两端稍细,中间较粗,在实际设计过程中,可根据顾客的具体情况稍作调整,但总体形态应大致不变。

(2)弧线要自然流畅,符合美学要求。

(3)美睫线最高点的位置在实际设计过程中可根据顾客的具体情况进行微调,但总体应自然,不可太夸张。

(4)左、右美睫线要对称。

(二)美瞳线

(1)本技法设定美瞳线向外眼角逐渐变粗,在实际设计过程中,要适应顾客的具体情况,但总体形态应大致不变。

(2)弧线要自然流畅,符合美学要求。

(3)美瞳线最高点的位置可根据顾客的具体情况进行微调,但总体应自然、协调,不可太夸张。

(4)左、右美瞳线要对称。

Note

我的作品 1

我的作品 2

Note

技能实训效果评价

实训项目名称		美瞳线设计绘图训练	
班级	姓名	学号	
序号	评分标准	评分权重	得分
1	美睫线线条流畅、两侧对称，定点准确	20 分	
2	美瞳线整体长度、宽度符合中国女性的审美观	10 分	
3	美瞳线定点准确	10 分	
4	美瞳线粗细变化过渡自然	10 分	
5	美瞳线上、下边线弧线自然、流畅	10 分	
6	左右对称	10 分	
7	能增强眼部美感，眼部灵动自然	10 分	
8	与底图中眼睛的大小形态相适应，整体和谐	20 分	
总分		100 分	

教师评语	
改进意见	

实训 1.3 美瞳线文饰技术在练习模块上的操作训练

视频:实训 1.3 美瞳线文饰技术在练习模块上的操作训练

实训目标

1. 巩固美瞳线的设计方法。
2. 具备在练习模块上进行美瞳线文饰操作的技能。
3. 养成认真细致、精益求精的工匠精神。

一、实训用品准备

电动文饰仪、半永久全抛式一体针(单针)、美瞳线专用色乳、色料杯、文饰用品架、文饰立体硅胶头模及眉眼唇模块、脱脂棉、文饰练习皮擦拭油(或橄榄油)、眼线笔等。

二、操作技法及实训步骤

(一)物品准备

检查电动文饰仪是否正常,将半永久全抛式一体针(单针)安装稳妥,调节好出针长度,放置于文饰用品架上,将美瞳线专用色乳滴入色料杯中(图 8-1-14)。

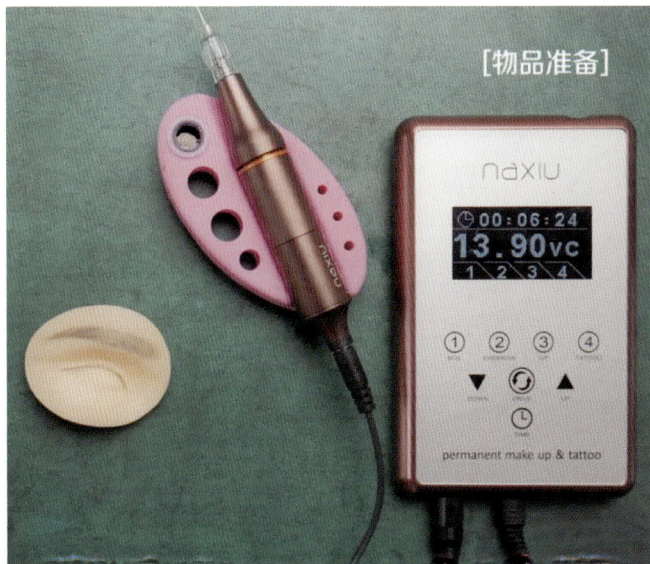

图 8-1-14 美瞳线文饰练习的物品准备

(二)美瞳线文饰操作

(1)用眼线笔在练习模块上眼睑睑缘处设计好美睫线/美瞳线形态。

(2)打开电动文饰仪电源开关,以针尖接触美瞳线专用色乳,吸取少量美瞳线专用色乳。

(3)左手压住练习模块,防止其滑动。

(4)右手持电动文饰仪文饰针,使针尖轻触美睫线/美瞳线设计线,从线条中部开始文饰,进针深度为 0.7～1.5 mm,以"进一退一"的方式沿设计线推进,完成边框文饰(图 8-1-15)。

(5)右手持电动文饰仪文饰针,使针尖轻触美睫线/美瞳线边框内部区域进行文饰,进针深度为 0.7～1.5 mm,以"进一退一"的方式向内眼角方向推进,做好前半段后,从

Note

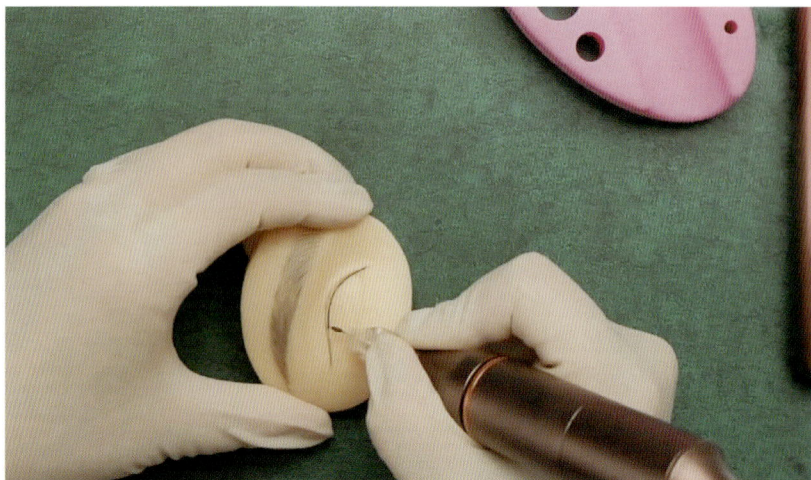

图 8-1-15　美睫线/美瞳线边框文饰

中部以"进一退一"的方式向外眼角方向推进,完成后半段,将美睫线/美瞳线形态文饰完整(图 8-1-16)。

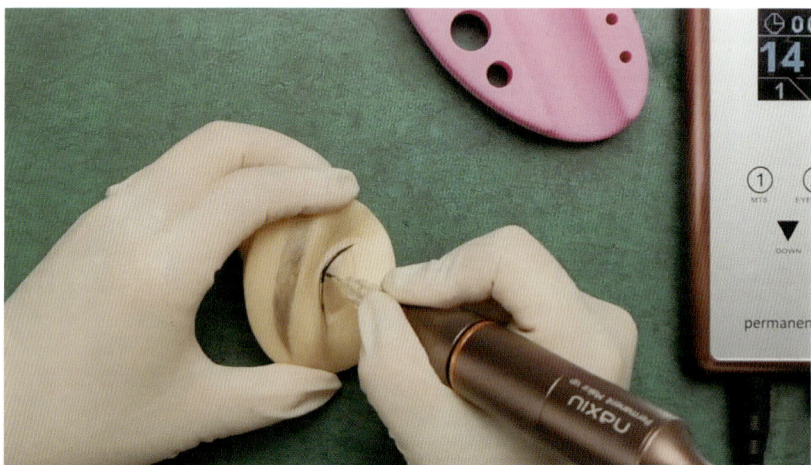

图 8-1-16　美睫线/美瞳线形态文饰

(6)用脱脂棉蘸取文饰练习皮擦拭油(或橄榄油)擦去浮色。

(7)依以上方法重复操作 3～5 遍。

(8)针尖沿着美睫线/美瞳线内外侧边缘以"进一退一"的方式推进,进一步修饰边缘,使美睫线/美瞳线边缘光滑流畅,可重复 3～5 遍。

(9)用脱脂棉蘸取凡士林(或橄榄油)擦去浮色,完成。

三、技法要点

(1)电动文饰仪推进的速度要适中、均匀。速度过快,不易留色;速度太慢,易着色过深,若在顾客眼睑上操作,易使眼睑损伤过重而过度肿胀。

(2)美睫线/美瞳线不易一遍留色,故需操作 3～5 遍,最终留色效果要匀而实。

(3)美睫线/美瞳线边缘的文饰非常关键,操作时要保持手部稳定,确保边缘线光滑流畅。

Note

作品欣赏与临摹

技能实训效果评价

实训项目名称		美瞳线文饰技术在练习模块上的操作训练		
班级		姓名		学号
序号	评分标准		评分权重	得分
1	美睫线/美瞳线的位置准确		10 分	
2	美睫线/美瞳线及上、下边线光滑、流畅		20 分	
3	左、右美睫线/美瞳线对称		10 分	
4	留色效果均匀、实在		20 分	
5	美睫线/美瞳线整体形态生动、美观		20 分	
6	与练习模块眼睛的大小形态相适应,整体和谐		20 分	
总分			100 分	
教师评语				
改进意见				

第九章

唇部文饰技术项目分解训练

实训　唇部文饰技法

实训 1.1　认识唇部文饰美学

实训目标

1. 了解唇形各部位的名称。
2. 掌握唇部的美学位置及形态。

视频:实训 1.1 认识唇部文饰美学

一、唇部文饰的概念

唇部文饰是一项医学性很强的美容文饰技术。该技术原本是为那些唇色苍白的女性设计的,目的是通过文饰让受术者唇色红润,达到健康、亮丽、自然的效果。然而,由于个人体质、身体健康状况等原因,有一部分女性不适合或者在一定时期内不适宜做唇部文饰美容。

二、唇部美学标准

唇部是构成面部的重要因素(图 9-1-1)。唇部分为上唇和下唇,闭在一起时形成一条横缝,即口裂。口裂的两头为口角。在上唇中部有一条纵沟,称为人中,两边突起的嵴为人中嵴。上、下唇均可以分成三个部分:一是皮肤部(也叫白唇);二是红唇部,是口唇轻闭时正面所见到的赤红色口唇部;三是黏膜部,在唇的里面,为口腔黏膜的一部分。

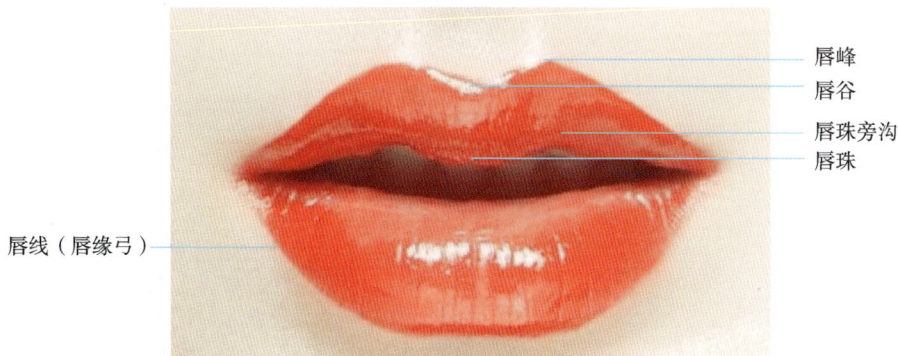

图 9-1-1　唇部美学标准图

唇峰
唇谷
唇珠旁沟
唇珠

唇线(唇缘弓)

三、唇的美学位置及形态

（1）红唇位于面下部的中轴线上，左右对称；口裂线位于面下 1/3（鼻底至颏下点）的中上 1/3 水平线上。

（2）我国女性理想的口裂宽度（即口角间距）与内眼角间距之比为 3∶2，大约相当于两眼平视时两瞳孔中央线之间的距离。

（3）人群中口裂宽度差异较大，形成不同唇的形态：①窄小型，宽度在 30～35 mm；②中等型，宽度在 36～45 mm；③宽大型，宽度在 46～55 mm。

（4）口唇厚度指口唇轻闭时，上、下红唇中央部的厚度（图 9-1-2）。人群中口唇厚度差异也较大，形成不同唇的形态：①薄唇，厚度在 4 mm 以下；②中厚唇，厚度在 5～8 mm 之间；③厚唇，厚度在 9 mm 以上；④厚凸唇，厚度在 12 mm 以上。

图 9-1-2　标准唇厚度

实训 1.2　标准唇形设计绘图训练

实训目标

1. 掌握标准唇形的设计方法。

2. 具备在绘图纸上进行标准唇形绘图的技能。

3. 养成严谨认真、精益求精的服务意识。

一、实训用具的准备

素描本、直尺、自动铅笔(0.5 mm)、铅笔芯、橡皮、多色圆珠笔等。

二、实训方法及步骤

标准唇形的绘画步骤及方法如下。

(1) 画基准线:画一条 4.5 cm 长的线段 AA',在左、右三分之一处确定 B、B'点(图 9-1-3)。

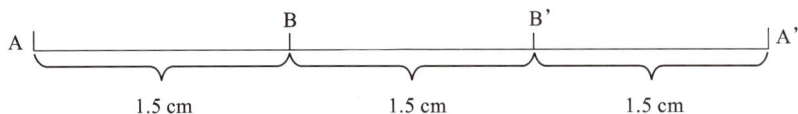

图 9-1-3　画基准线

(2)在 B、B'点垂直上方 8 mm 处分别确定 C、C'点,垂直下方 10 mm 处分别确定 D、D'点,C、C'点为唇峰点,D、D'点为下唇圆点,确定基准线的中点,在中点上方 5 mm 处确定 E 点,E 点即为唇谷点(图 9-1-4)。

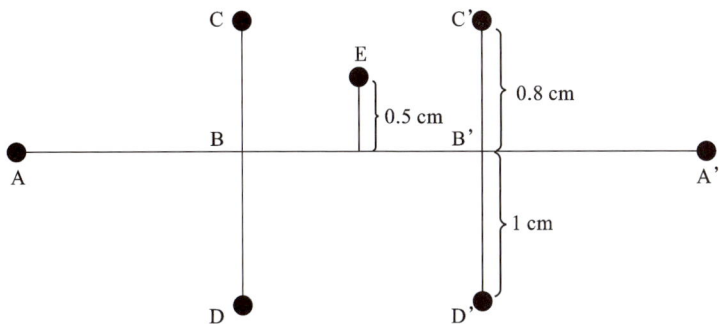

图 9-1-4　唇峰点及唇谷点

(3)确定唇形轮廓,将各点用直线连接,确定唇部轮廓形态(图 9-1-5)。

(4)将轮廓线用弧线进行勾勒,形成唇形,在描画过程中注意唇形左右对称(图 9-1-6)。

(5)勾勒好唇形后再来勾勒唇珠及唇珠旁边的形态。

二、技法要点

(1) 连接的唇线要细腻和清晰。

(2) 让唇部看起来立体感更强。

三、文唇应掌握的原则

(1) 在唇线设计上:曲线优美,厚薄相称;形随峰变,不离原唇。

(2) 在唇线运笔上:用力柔和,减少出血;线条流畅,上色均匀。

Note

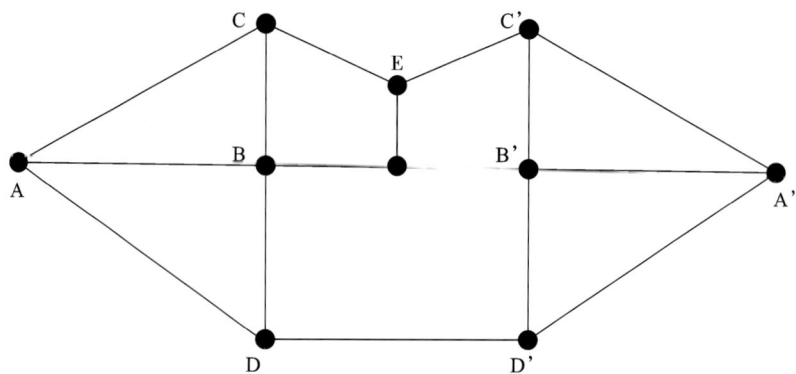

图 9-1-5　确定唇形轮廓

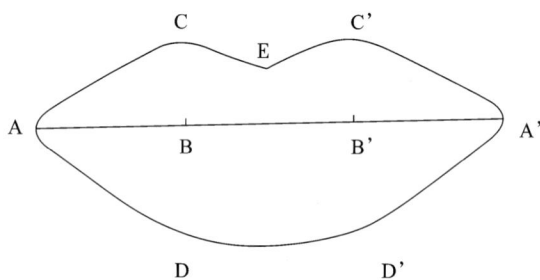

图 9-1-6　标准唇形绘画图示

（3）在着色分布上：唇线略深，全唇略艳；先文唇线，再文全唇。

（4）唇形与上下关系上：人中长者，上唇略画厚；人中短者，上唇略画薄；下颏比例小者，下唇略画小；下颏比例大者，下唇略画大。

（5）在年龄层次上：20～35 岁女性，文色略艳；35～45 岁女性，文色略暗。

我 的 作 品

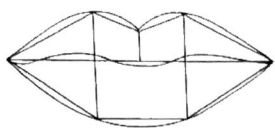 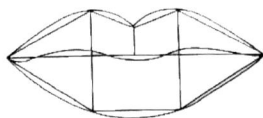

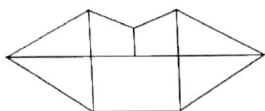 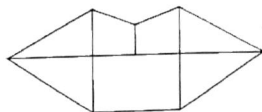

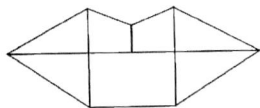 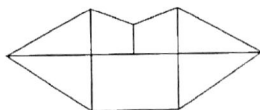

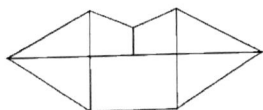 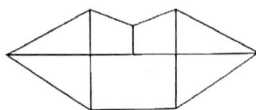

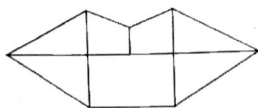 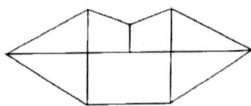

Note

技能实训效果评价

实训项目名称		标准唇形设计绘图训练	
班级	姓名	学号	
序号	评分标准	评分权重	得分
1	唇形整体长度、宽度符合中国女性唇形的平均长度与平均宽度	10分	
2	唇形定点准确	10分	
3	线条流畅	10分	
4	弧线与直线衔接自然流畅	15分	
5	左、右唇形大小对称	15分	
6	唇形绘画灵动自然,美感较强	20分	
7	唇形与本身口周的大小形态和谐,生动自然	20分	
总分		100分	

教师评语	
改进意见	

实训 1.3　唇部文饰技术在练习模块上的操作训练

视频:实训 1.3 唇部文饰技术在练习模块上的操作训练

实训目标

1. 掌握唇部设计方法。
2. 熟练掌握唇部文饰操作过程。
3. 养成严谨认真、精益求精的服务意识。

一、物品准备

(1) 检查电动文饰仪是否正常。

(2) 将半永久全抛式一体针(单针)安装妥当。

(3) 将色料滴入硅胶色料杯中。

二、操作过程

(1) 设计唇形:用唇线笔在练习模块上设计并确定好唇形(图 9-1-7)。

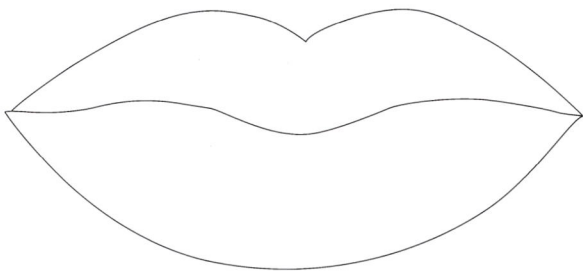

图 9-1-7　设计唇形

(2)文饰唇形:打开电动文饰仪电源开关,调节转速,以针尖接触色料,吸取少量色料。左手固定练习模块,右手持电动文饰仪,垂直进针,进针深度为 0.7～1.5 mm,以"进一退一"的方式沿唇线推进,擦去浮色,观察调整并补色(图 9-1-8)。

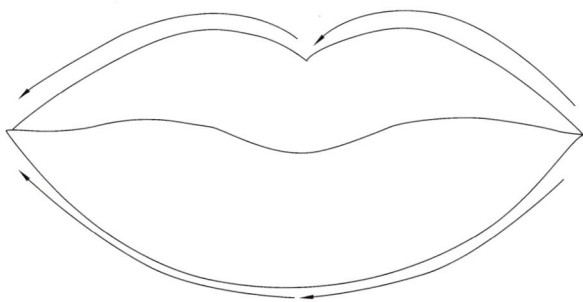

图 9-1-8　文饰唇形

(3)文饰唇面:将半永久全抛式一体针圆 3 针(或圆 5 针),安装稳妥,然后打开电动文饰仪的电源开关,接触色料,吸取少量色料,左手固定练习模块,右手持电动文饰仪,垂直进针,进针深度为 0.7～1.5 mm,以"进一退一"的方式,将唇线内的区域全部文饰,重复 3～5 遍(图 9-1-9)。

(4)观察调整:观察留色情况并进行补充调整,调整时根据需要换文饰针再进行调整(图 9-1-10)。

Note

图 9-1-9　文饰唇面

图 9-1-10　观察调整

三、技法要点

(1) 使唇线流畅。初学者手部在操作过程中未能保持稳定,会导致轮廓不整齐、不流畅,平时应多加练习。

(2) 唇面文饰留色均匀。初学者在操作过程中急于求成,缺乏耐心,操作不到位,留色不均匀,呈现出斑驳的效果。要求初学者在练习时要有好的心态,不可急于求成,要耐心细致、精益求精。

我 的 作 品

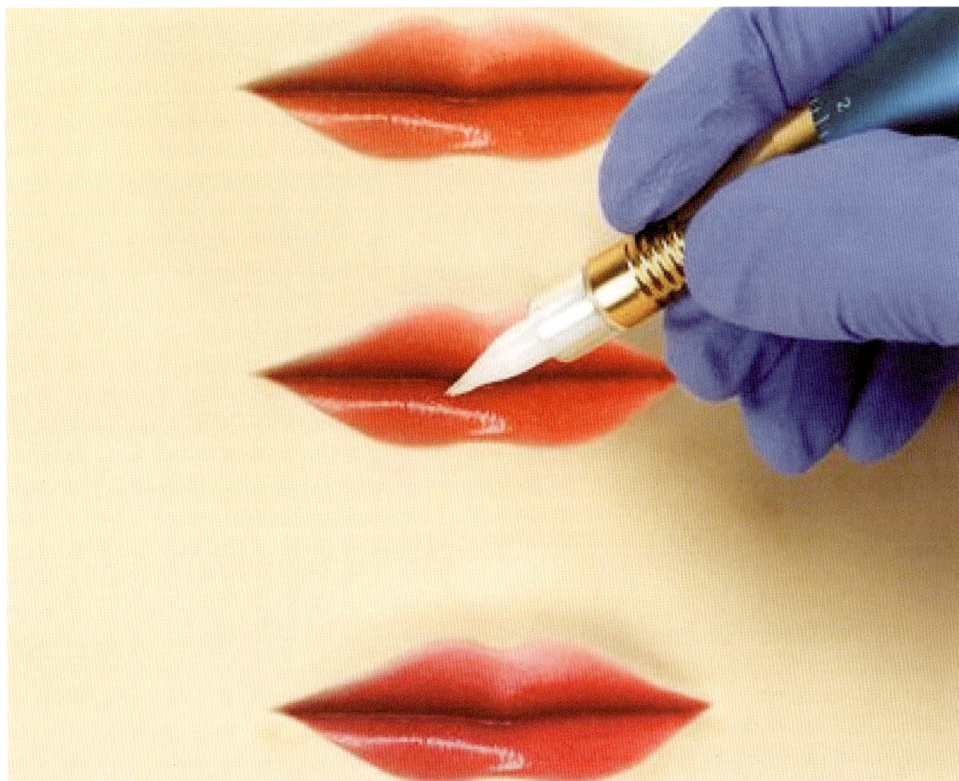

技能实训效果评价

实训项目名称		唇部文饰技术在练习模块上的操作训练		
班级		姓名		学号
序号	评分标准		评分权重	得分
1	唇形整体长度、宽度符合中国女性唇形的平均长度与平均宽度		10分	
2	唇形定点准确		10分	
3	线条流畅		10分	
4	弧线与直线衔接自然流畅		15分	
5	左、右唇形大小对称		15分	
6	唇形文饰灵动自然,美感较强		20分	
7	唇形与整体面部形态和谐,生动自然		20分	
总分			100分	
教师评语				
改进意见				

第十章

医学美容文饰技术综合训练

综 合 实 训

综合实训1.1　雾妆眉文饰操作技术

实训目标

1. 掌握雾妆眉文饰操作流程及技术。
2. 具备为顾客提供雾妆眉文饰服务的技能。
3. 养成热情周到、严谨认真的服务精神。

视频:综合实训1.1　雾妆眉文饰操作技术

一、实训用品准备

眉笔、修眉刀、修眉剪、无菌手术设计定位笔、文饰专用保鲜膜、一次性无菌帽、无菌棉签、无菌纱布、无菌手套、一次性隔离衣、生理盐水、75％酒精、1‰新洁尔灭溶液、利多卡因乳膏、雾妆眉专用色乳、色料戒指杯、文饰用品架、手工文饰笔、电动文饰仪、文饰针、半永久全抛式一体针(单针或圆3针)、眉部固色剂、眉部文饰术后修复膏等。

二、眉部文饰技术操作的适应证与禁忌证

（一）适应证

（1）不理想的眉形,如八字眉、眉形残缺、眉形过宽或过于平直。

（2）由疾病或其他原因引起的眉毛脱落。

（3）眉毛稀疏、色浅。

（4）外伤或手术引起的眉毛缺损、眉中瘢痕形成。

（5）因职业需要而无时间画眉者。

（6）两侧眉形不对称、眉形不理想或对原眉形不满意者。

（二）禁忌证

（1）面部或眉区有感染者。

（2）眉区有病变者,如血管瘤、皮脂腺囊肿、脂溢性皮炎等。

（3）瘢痕体质者。

（4）精神神经障碍者,对文眉术后效果要求脱离实际或期望过高者。

（5）对色料过敏者。

（6）顾客有血液病，如血友病、血小板减少症等。

（7）为避免交叉感染，患有乙型肝炎等传染病者不应进行操作。

（8）先天性或后天性上睑下垂者，患侧眉毛位置往往高于健侧，在眉形设计时极易造成误差，常常导致文饰术后效果不满意。

三、实训方法及步骤

（一）术前设计

（1）沟通：美容文饰技师与顾客亲切沟通，了解顾客身体状况及病史，判断顾客是否符合眉部文饰技术操作适应证，是否有眉部文饰技术操作禁忌证，以确定该顾客是否适合进行眉部文饰技术操作。在适合进行操作的前提下，进一步了解顾客的性格、气质、审美喜好及期望效果。告知顾客操作的基本流程、注意事项及可能出现的问题。

（2）选择色料：为顾客介绍色料的种类、色号及术后效果，根据顾客的肤色、发色、年龄、经济承受能力等推荐适合的色料，在充分沟通的基础上，确定色料。

（3）签署同意书：在顾客同意操作后签署医学美容文饰技术告知同意书。

（二）建立顾客档案

将顾客的基本信息、既往情况、色料选定情况等进行记录，建立顾客档案。

（三）文饰操作

（1）清洁及消毒：帮助顾客戴一次性无菌帽，用 75％ 酒精或 1‰ 新洁尔灭溶液对顾客的眉毛及周围皮肤进行清洁消毒。如有化妆要先行卸妆。

（2）设计眉形：顾客端坐于化妆镜前，美容文饰技师站立于顾客的左前方或右前方，根据顾客的肤色、发色、年龄等选择适合的眉笔，根据顾客的脸形、气质、年龄等为顾客勾勒眉形，嘱顾客仔细观察，依据自己的审美喜好提出意见及建议，美容文饰技师根据顾客的意见及建议进行适当调整，直到顾客满意为止（图 10-1-1）。

图 10-1-1　设计眉形

（3）修眉：用修眉刀刮去设计眉形之外的眉毛，用修眉剪剪短过长的眉毛（图 10-1-2）。

（4）确定眉形：在顾客对设计满意后，用修眉刀修饰眉形边缘，使眉形清晰明确，或用无菌手术设计定位笔点画以确定眉形（图 10-1-3）。

（5）敷麻醉药：确定眉形之后，嘱顾客平躺于美容床上，保持舒适体位。将利多卡因乳膏轻敷于操作区域，敷药厚度为 3 mm 左右。敷药过薄，无法充分麻醉皮肤；敷药过

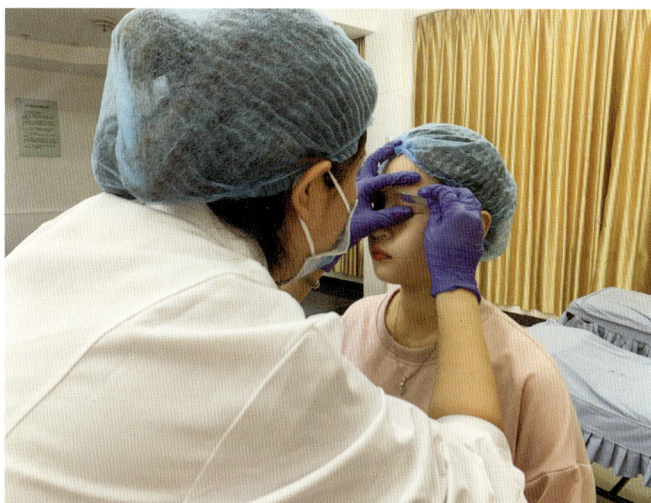

图 10-1-2　修眉

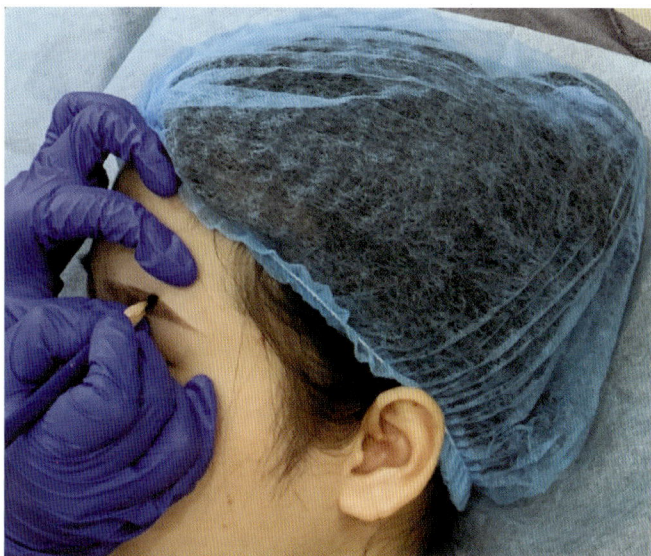

图 10-1-3　确定眉形

厚,易刺激皮肤。必要时,可以用文饰专用保鲜膜覆盖以加强麻醉效果。敷麻醉药时间为 15~20 min(图 10-1-4)。

(6)术前准备:在为顾客敷麻醉药期间,进行术前准备工作。

①用具准备:将一次性无菌治疗巾垫于操作台上,检查操作用品是否齐备,将手工文饰笔、电动文饰仪、色料戒指杯等需要消毒的用具用 75% 酒精消毒后,放于操作台上(图 10-1-5)。

②色料准备:按术前设计方案,调配好雾妆眉专用色乳,放置于色料戒指杯中备用。

③术者准备:美容文饰技师穿一次性隔离衣,戴无菌手套,将无菌文饰针针片安装于手工文饰笔上,或将半永久全抛式一体针安装于电动文饰仪上。

(7)除去麻醉药:敷麻醉药 20 min 后,用无菌棉签轻轻擦去麻醉药,若原先设计好的眉形有被擦除的,可用无菌手术设计定位笔点画修补,以保证眉形清晰(图 10-1-6)。

Note

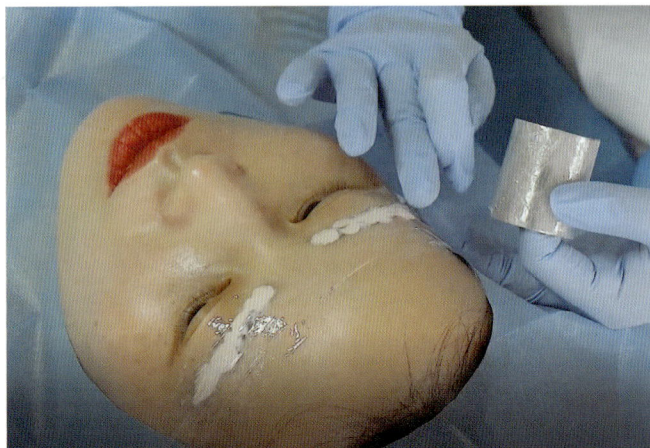

图 10-1-4　敷麻醉药

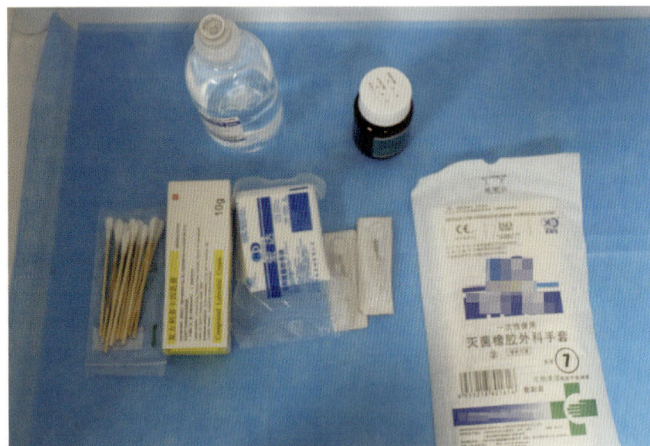

图 10-1-5　用具准备

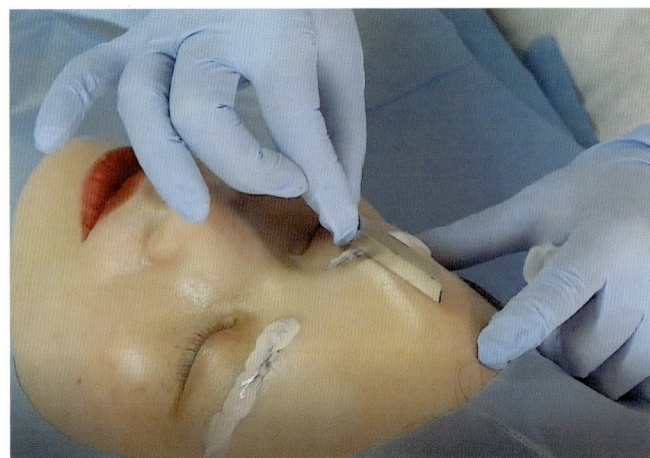

图 10-1-6　除去麻醉药

（8）文饰操作：美容文饰技师坐于美容凳上，调节与顾客的相对位置及角度，以便于操作，将色料戒指杯戴在左手食指或中指上。

若用手工文饰笔点雾操作，则按照眉部手工点雾技术在文饰练习皮上的训练进行点刺，术中注意观察皮损情况，以皮肤无出血、微量渗液为宜（图10-1-7）。

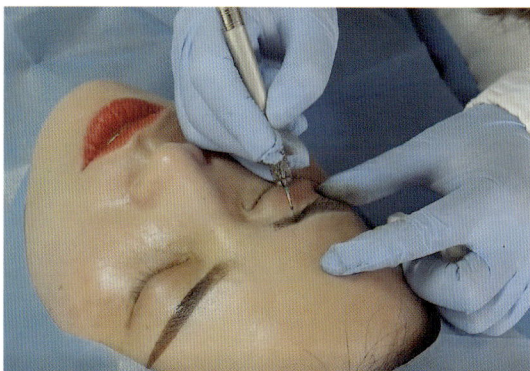

图 10-1-7　手工点刺雾眉操作

若用电动文饰仪进行点雾或扫雾操作，则电动文饰仪配合圆 3 针或单针进行垂直点刺或拉丝扫雾操作，注意文饰针与皮肤表面保持垂直，术中注意观察皮损情况，以皮肤无出血、微量渗液为宜（图10-1-8）。

图 10-1-8　电动文饰仪拉丝扫雾操作

在操作 2～3 遍之后，用无菌纱布及生理盐水擦去浮色，观察留色情况，留色不佳的区域可以进行补色操作。

（9）敷色：确定达到预期留色效果后，左手食指、中指绷开眉部皮肤，用无菌棉签蘸取雾妆眉专用色乳，敷于操作部位，敷色时间约 2 min，也可配合使用眉部固色剂，以促进留色（图10-1-9）。

（10）擦去浮色：用无菌纱布及生理盐水擦去浮色。

（11）术后清洁护理：用生理盐水及无菌纱布将面部残留色乳擦拭干净，将眉部文饰术后修复膏薄敷一层以助愈合。

四、技法要点

（1）务必使用雾妆眉专用色乳。

（2）进针深度为 1 mm 左右，术中注意观察皮损情况，以皮肤无出血、微量渗液为宜。

Note

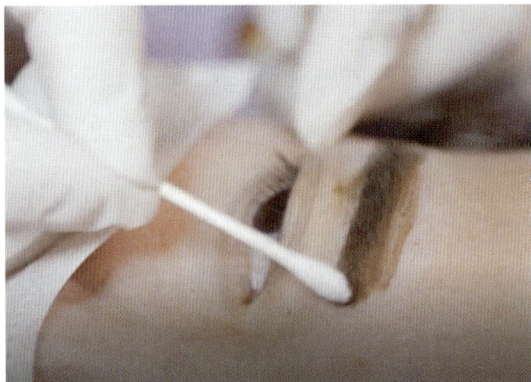

图 10-1-9　敷色

（3）出现不易留色现象时，可反复多次操作，但不宜操作过多，以防皮损加重、后期留色不佳。

（4）要以眉毛的层次感和立体感为依据，以色乳布点不同的密度来体现美学特点。

五、美容文饰的基本原则

1. 宁浅勿深　文饰用色及文饰刺入部位切忌过深。色料颜色过深，可造成文饰效果不自然，加上刺入的部位过深，色料可在皮下扩散、变形，造成洇色，且可发生颜色变蓝等情况，难于去除。

2. 宁短勿长　文饰的线条切忌过长。尤其是在初次文饰时，文饰的线条能短则短，若不满意可进行补充调整。

3. 宁窄勿宽　文饰的范围切忌过宽。文饰范围不够，可再补允调整；如果义饰范围过宽，效果不满意时再修复会比较困难。

4. 宁轻勿重　文饰操作手法切忌过重。动作粗暴或刺入过深均可造成文刺部位皮肤创面过大，渗出液较多，疼痛难忍，且创面结痂、修复及脱痂的时间延长。

5. 宁慢勿快　操作要认真，不能只图速度而不顾质量。由于每个人的皮肤弹性、质地、颜色不同，对色料的吸收程度也不同，对于部分上色困难者，需反复进行文饰操作，切不可急躁。

六、术后护理注意事项

术后护理是关系到医学美容文饰技术最终效果的重要环节，一定要将术后护理要点告知顾客，指导顾客做好术后护理工作。

（1）眉部文饰操作完成后三日内创面保持清洁干净，不得沾水，不宜接触灰尘、蒸汽等。

（2）术后一周左右，因有结痂和浮色，眉毛颜色会显得很浓，顾客对此可不必担心，结痂掉完后眉毛将会变得自然，同时需要注意的是结痂不可以用手剥离，以免影响上色。

（3）眉部文饰术后修复膏一天要擦 2 次，早晚薄涂一层即可，涂得过厚会影响愈合。

（4）结痂掉完之后，会有部分掉色或变淡，可于一个月后再行补色。

（5）饮食上忌食辛辣海鲜，忌烟酒。

（6）术后若出现眉部皮肤红肿、重度瘙痒、水疱、化脓等情况，立即联系美容文饰技师进行处理。

作品赏析

文饰前   文饰后

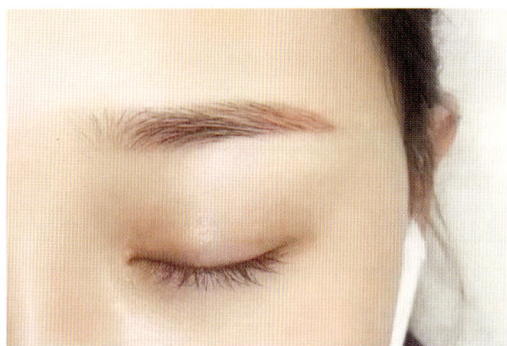
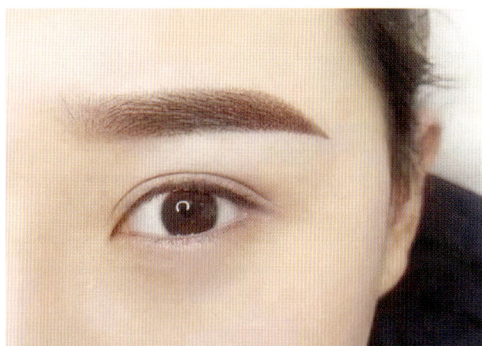

文饰前   文饰后

文饰前   文饰后

技能实训效果评价

实训项目名称			雾妆眉文饰操作技术训练		
班级		姓名		学号	
序号	评分标准			评分权重	得分
1	服务周到、热情			5分	
2	与顾客沟通良好，对顾客的疑问解释得当			5分	
3	顾客档案填写完整，签署了同意书			5分	
4	操作用品准备齐全			5分	
5	物品消毒正确			5分	
6	操作流程规范			10分	
7	术前设计美观，顾客满意			10分	
8	麻醉药的敷涂与去除方法规范、正确，无不良反应发生			10分	
9	术前准备规范、到位			10分	
10	文饰操作规范，手法正确，无不良情况出现			10分	
11	术后清洁护理规范、正确			5分	
12	无菌操作规范、正确			5分	
13	术后护理注意事项告知顾客			5分	
14	文饰效果自然、美观，顾客满意			10分	
总分				100分	
教师评语					
改进意见					

综合实训 1.2　线条眉文饰操作技术

实训目标

1. 掌握线条眉文饰操作技术。
2. 具备在面部进行线条眉操作的技能。
3. 养成严谨认真、精益求精的服务意识。

视频：综合实训1.2　线条眉文饰操作技术

一、实训用品准备

眉笔、修眉刀、修眉剪、无菌手术设计定位笔、文饰专用保鲜膜、一次性无菌帽、无菌棉签、无菌纱布、无菌手套、一次性隔离衣、生理盐水、75％酒精、1‰新洁尔灭溶液、利多卡因乳膏、线条眉文饰专用色乳、色料戒指杯、文饰用品架、文饰手工笔、电动文饰仪、文饰点刺针、眉部固色剂、眉部文饰术后修复膏等。

二、实训方法及步骤

（1）设计眉形。

（2）敷舒缓膏，15～20 min 后用刀片背部刮掉，并用纸巾按压擦干净。

（3）操作时绷紧皮肤，线条不要太长，一根一蘸。第一根主线条很重要，第一根压边框，第二根上宽下窄，线条依次排列（轻—重—轻），后半部分主线条压边框依次排列。第一遍线条操作结束后，选择深咖色乳敷眉部上色，用牙签敷均匀，盖保鲜膜，掌根按压3～5 min。擦掉色乳，操作第二遍，选择文饰排针（14 针）添加线条，用深咖色乳敷眉部并加上 2 滴眉部固色剂，防止晕色，盖保鲜膜，敷 5～10 min，擦干净即可。

①从眉头开始进行线条眉文饰操作（一根短，两根长，三根连接上下框，四根飘，五六七根向后倒，八根压下边框。注：眉头一定要自然）。从上边框到眉尾，线条都是带弧度的柔线条。完成这一步，整个眉形轮廓就出来了。见图 10-1-10。

图 10-1-10　眉形轮廓

②填补空白，两根中间加一根，眉腰搭桥。见图 10-1-11。

图 10-1-11　眉腰搭桥

③在主线条的基础上，添加与主线条长度相等的线条，搭在主线条的三分之一处（注：不形成交叉）成"人"字形。见图 10-1-12。

图 10-1-12　添加线条 1

④在"人"字形线条中再加入一根单弧线形成"个"字形（注：角度不宜过大）。见图10-1-13。

Note

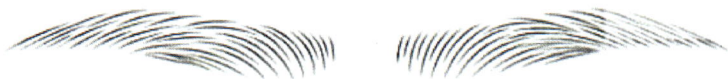

图 10-1-13　添加线条 2

⑤最后检查空缺部分,任意添加 8 种基础线条,完成整个眉毛的线条操作。见图 10-1-14。

图 10-1-14　添加线条 3

三、美容文饰的基本原则

1. 宁浅勿深　文饰用色及文饰刺入部位切忌过深。色料颜色过深,可造成文饰效果不自然,加上刺入的部位过深,色料可在皮下扩散、变形,造成洇色,且可发生颜色变蓝等情况,难于去除。

2. 宁短勿长　文饰的线条切忌过长。尤其是在初次文饰时,文饰的线条能短则短,若不满意可进行补充调整。

3. 宁窄勿宽　文饰的范围切忌过宽。文饰范围不够,可再补充调整;如果文饰范围过宽,效果不满意时再修复会比较困难。

4. 宁轻勿重　文饰操作手法切忌过重。动作粗暴或刺入过深均可造成文刺部位皮肤创面过大,渗出液较多,疼痛难忍,且创面结痂、修复及脱痂的时间延长。

5. 宁慢勿快　操作要认真,不能只图速度而不顾质量。由于每个人的皮肤弹性、质地、颜色不同,对色料的吸收程度也不同,对于部分上色困难者,需反复进行文饰操作,切不可急躁。

我 的 作 品

技能实训效果评价

实训项目名称		线条眉文饰操作技术训练		
班级		姓名		学号	
序号	评分标准		评分权重	得分
1	眉形整体长度、宽度符合中国女性眉形的平均长度与平均宽度		10分	
2	眉形定点准确		10分	
3	线条流畅		10分	
4	弧线与直线衔接自然流畅		15分	
5	左、右眉形对称		15分	
6	眉形绘图灵动自然,美感较强		20分	
7	眉形与眼睛的大小形态和谐,生动自然		20分	
总分			100分	
教师评语				
改进意见				

综合实训 1.3　美瞳线文饰操作技术

视频：综合实训 1.3　美瞳线文饰操作技术

实训目标

1. 掌握美瞳线文饰操作技术。
2. 具备在眼部进行美瞳线文饰操作的技能。
3. 养成严谨认真、精益求精的服务意识。

一、实训用品准备

无菌手术设计定位笔、文饰专用保鲜膜、一次性无菌帽、无菌棉签、无菌纱布、无菌手套、一次性隔离衣、生理盐水、75%酒精、1‰新洁尔灭溶液、利多卡因乳膏、美瞳线文饰专用色乳、色料戒指杯、文饰用品架、文饰手工笔、电动文饰仪、文饰点刺针、半永久全抛式一体针（单针或圆 3 针）、固色剂、修复膏等。

二、实训方法及步骤

（1）清洁：将干净棉片对折拉出眼形的弧度盖住下眼睑和下眼睑睫毛，上眼睑压住棉片。

（2）涂抹舒缓膏：用棉签蘸取适量舒缓膏涂于睫毛根部，并盖上保鲜膜约 15 min。

（3）操作：在睫毛根部内侧操作，不能超出睫毛根部。手工法：将文饰针以前推挑刺法点刺。仪器法：用单针勾边，打圈和走"之"字形做实做密。敷麻醉药时间为 1～2 min，不能过长，否则易灼伤皮肤。皮肤出血时，可用黑粉止血。在用黑咖碳粉调好的色乳做美瞳线文饰后，可用橙咖色乳轻轻点刺，防止后期发蓝。做完后用生理盐水冲洗，让顾客睁开眼睛转动眼球几次。顾客感觉眼皮有点肿时，用棉片轻揉，并按压几分钟。遇到敏感爱流泪的顾客时，在内眼角放张棉片，吸泪水。

三、美容文饰的基本原则

1. 宁浅勿深　文饰用色及文饰刺入部位切忌过深。色料颜色过深，可造成文饰效果不自然，加上刺入的部位过深，色料可在皮下扩散、变形，造成洇色，且可发生颜色变蓝等情况，难于去除。

2. 宁短勿长　文饰的线条切忌过长。尤其是在初次文饰时，文饰的线条能短则短，若不满意可进行补充调整。

3. 宁窄勿宽　文饰的范围切忌过宽。文饰范围不够，可再补充调整；如果文饰范围过宽，效果不满意时再修复会比较困难。

4. 宁轻勿重　文饰操作手法切忌过重。动作粗暴或刺入过深均可造成文刺部位皮肤创面过大，渗出液较多，疼痛难忍，且创面结痂、修复及脱痂的时间延长。

5. 宁慢勿快　操作要认真，不能只图速度而不顾质量。由于每个人的皮肤弹性、质地、颜色不同，对色料的吸收程度也不同，对于部分上色困难者，需反复进行文饰操作，切不可急躁。

四、注意事项

（1）女性在文美瞳线后，要等到伤口结痂，才能用纱布蘸水，慢慢擦拭脸部皮肤。

（2）文美瞳线后，在伤口没长好的情况下不要化妆，防止化妆品感染伤口。也要避免卸妆时拉扯到伤口影响愈合，伤口部位需要涂抹修复产品，加快伤口恢复。

Note

（3）美瞳线文饰是在皮肤中植入植物色素的操作，在效果没有固定时，水会使美瞳线颜色变淡。饮食方面应注意，不要吃辛辣刺激性食物。

（4）在感觉眼睛肿痛时，可以冰敷以止痛消肿，也能缓解眼部不适。眼睛有炎症时，可以使用消炎药治疗。

（5）一般情况下，美瞳线文饰部位需要7天左右才会脱痂、颜色变浅。掉痂时，不能用手碰，应等结痂自然脱落，美瞳线文饰的效果才会更好。

我的作品 1

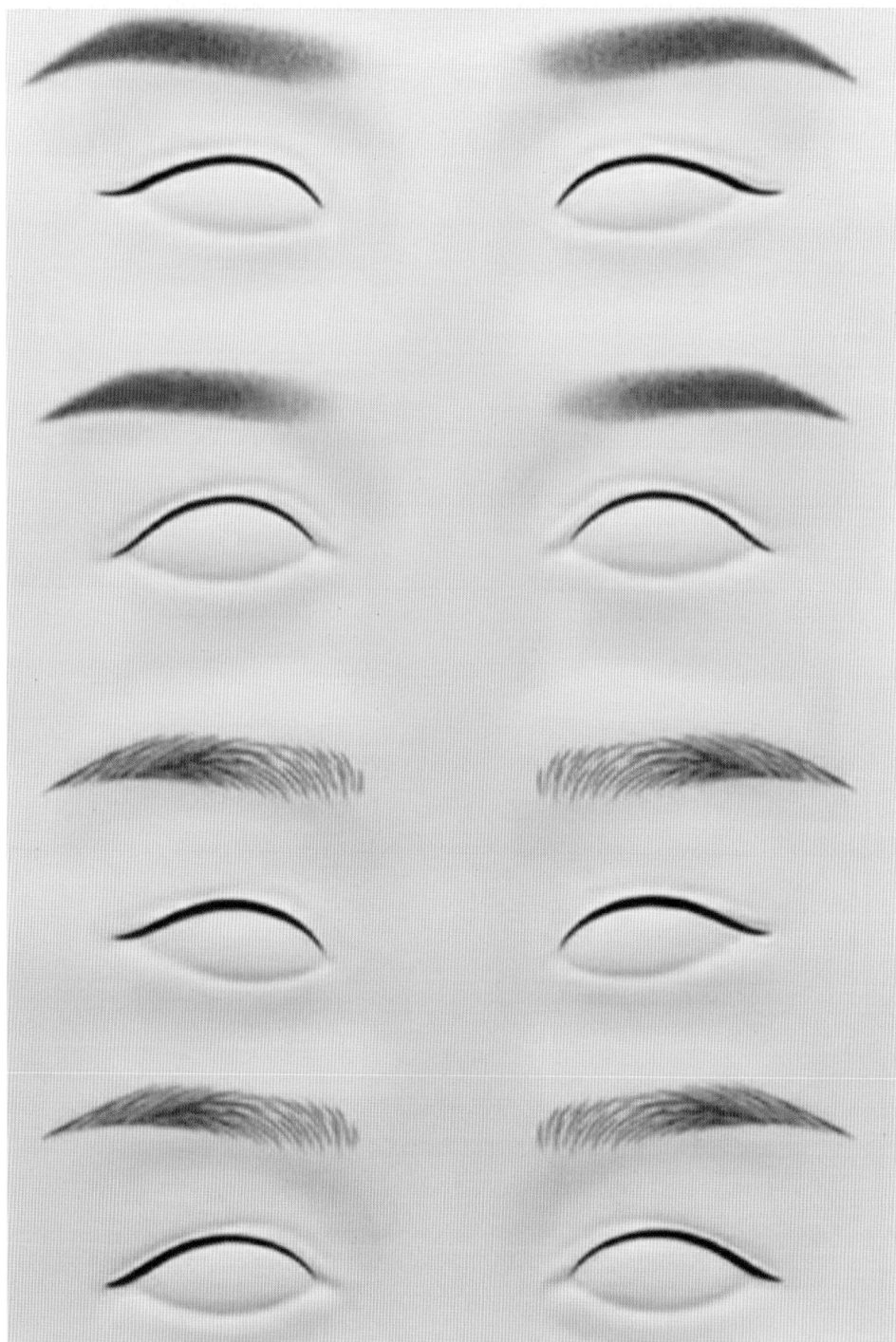

我的作品 2

技能实训效果评价

实训项目名称	美瞳线文饰操作技术训练		
班级	姓名		学号

序号	评分标准	评分权重	得分
1	美瞳线整体长度、宽度符合中国女性的审美观	10分	
2	美瞳线定点准确	10分	
3	线条流畅	10分	
4	弧线衔接自然流畅	15分	
5	左、右美瞳线对称	15分	
6	美瞳线绘图灵动自然,美感较强	20分	
7	美瞳线与底图中眼睛的大小形态和谐,生动自然	20分	
总分		100分	

教师评语	
改进意见	

综合实训 1.4　唇部文饰操作技术

实训目标

1. 掌握唇部文饰操作技术。
2. 具备在唇部进行文饰操作的技能。
3. 养成严谨认真、精益求精的服务意识。

一、实训用品准备

无菌棉签、棉片、去死皮啫喱、舒缓膏、无菌手术设计定位笔、文饰专用保鲜膜、一次性无菌帽、无菌纱布、无菌手套、一次性隔离衣、生理盐水、75%酒精、1‰新洁尔灭溶液、利多卡因乳膏、唇部文饰专用色乳、色料戒指杯、文饰用品架、文饰手工笔、电动文饰仪、文饰点刺针、半永久全抛式一体针(单针或圆3针)、固色剂、修复膏等。

二、实训方法及步骤

(一)准备工作

(1)消毒:自身消毒和工具消毒。

(2)清洁:用棉签蘸取去死皮啫喱,用棉签来回擦拭,2~3次即可。用生理盐水棉片擦拭干净。准备干净棉片放于唇部内侧,防止舒缓膏、色料进入口腔。

(3)涂舒缓膏:涂抹时注意不要超出唇部范围,贴上唇部麻贴,不要超出唇部边缘,超出部分向唇部折起来或者剪掉,使唇部麻贴与唇部完全帖服。包上保鲜膜,以不透气为标准。敷15 min后检测麻醉程度,达到麻醉效果后开始操作。

(二)唇部操作

(1)用手工文饰笔从嘴角开始操作,绷紧唇部皮肤,在做整个唇面上色时将上、下唇面分为四个区域,每块区域又可分为2~3块,操作时要认真、仔细、满满地把每块区域文好,文好一块后再进行下一块的操作。注意:在做下一块操作前一定要将针帽里的液体吸出,重新蘸色料,确保上色效果。在做唇线时应采取分段处理,把唇线分为若干个段落,一段一段地运针,在做唇线时也要勤蘸色料,确保流色顺畅,避开出血点或色料堆积处,做下一遍上色时再补针。

(2)用排针或圆3针在唇面上进行轻轻斜扫,速度要慢,勤蘸色料,入针深度约在0.2 mm,可用打圈、横扫等手法。整个唇面操作完后开始文唇线,文唇线是为了使唇形更具立体感。选择与唇同色系的色料,轻绷皮肤,可选用出针长的悬针方式,以"进三退二"的手法垂直入针,力度要轻柔,不要出现明显的线条。操作过程中有疼痛感时,可涂抹舒缓膏。

三、美容文饰的基本原则

1.宁浅勿深　文饰用色及文饰刺入部位切忌过深。色料颜色过深,可造成文饰效果不自然,加上刺入的部位过深,色料可在皮下扩散、变形,造成洇色,且可发生颜色变蓝等情况,难于去除。

2.宁短勿长　文饰的线条切忌过长。尤其是在初次文饰时,文饰的线条能短则短,若不满意可进行补充调整。

3.宁窄勿宽　文饰的范围切忌过宽。文饰范围不够,可再补充调整;如果文饰范围过宽,效果不满意时再修复会比较困难。

4.宁轻勿重　文饰操作手法切忌过重。动作粗暴或刺入过深均可造成文刺部位皮肤创面过大,渗出液较多,疼痛难忍,且创面结痂、修复及脱痂的时间延长。

5.宁慢勿快　操作要认真,不能只图速度而不顾质量。由于每个人的皮肤弹性、质地、颜色不同,对色料的吸收程度也不同,对于部分上色困难者,需反复进行文饰操作,切不可急躁。

四、注意事项

（1）叮嘱顾客忌食辛辣和海鲜等食物,避免热汤水接触唇面。

（2）饭前、饭后漱口保持口腔卫生,清洁唇面后涂唇部修复膏,不要涂抹太厚。

（3）口服阿昔洛韦或阿莫西林等防止感染和肿胀。

（4）一周内避免进入高温场所;结痂时不要撕皮。

Note

我的作品 1

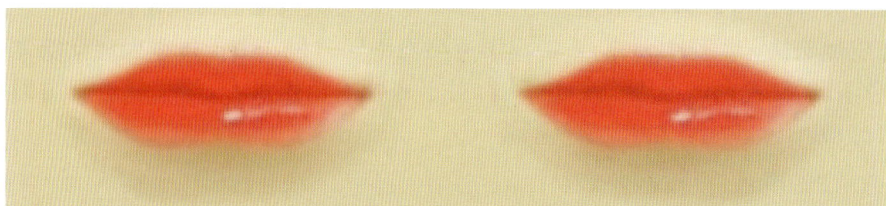

我的作品 2

技能实训效果评价

实训项目名称			唇部文饰操作技术训练		
班级		姓名		学号	
序号	评分标准			评分权重	得分
1	唇形整体长度、宽度符合中国女性唇形的平均长度与平均宽度			10 分	
2	唇形定点准确			10 分	
3	线条流畅			10 分	
4	唇线衔接自然流畅			15 分	
5	左、右唇形对称			15 分	
6	唇形绘图灵动自然，美感较强			20 分	
7	唇形与整体面部的大小形态和谐，生动自然			20 分	
总分				100 分	
教师评语					
改进意见					

🖋 思政学堂

立德树人、动手能力

扣好人生第一粒扣子，成长为合格的社会主义建设者和接班人。

青年兴则国家兴，青年强则国家强，青年一代有理想、有本领、有担当，国家就有前途，民族就有希望。

[1] 金明姬,张蓉.最新文饰美容技术[M].沈阳:辽宁科学技术出版社,2006.

[2] 辛映继.医学文饰基础教程[M].西安:陕西科学技术出版社,2017.

[3] 齐如鑫,谭开慧,韩秀萍.文饰美容[M].北京:化学工业出版社,2020.

[4] 胡玲,陈敏.美容医疗应用技术[M].武汉:华中科技大学出版社,2017.

[5] 肖明,袁继龙,郑立丽.半永久文饰技术在文眉中的应用[J].中国美容医学,2020,
     29(11):45-47.

[6] 水溪地.如何应对文饰并发症[J].医学美学美容,2018(Z4):27-29.

[7] 陈锋.文饰应兼具美感与艺术风格的体现[J].医学美学美容(Me),2017(5):
     68-71.

[8] 洛云悠,邱子津.唇部文饰的常见并发症及解决办法[J].医学美学美容(Me),2017
     (Z1):40-42.

[9] 彭庆星.美容文饰术的医学归属不可动摇[J].中国美容医学,2016,25(8):95-96.